Eingepackt & sanft gegart

Eingepackt & sanft gegart

Kochen im Pergamentpapier

Sandra Mahut
Fotos Nathalie Carnet

CHRISTIAN

KLEINES VORWORT

Das Garen in der Papierhülle – französisch *en papillote* –, in Folie oder Ähnlichem ist gewissermaßen ein „geschlossenes" Garverfahren. Die Hülle fungiert dabei quasi als kleiner Schnellkochtopf. Eine feine Sache und außerordentlich preiswert obendrein. Können Sie sich doch die relativ kostspielige Anschaffung eines solchen Dampftopfs sparen. Das Garen in der Papierhülle ist eine Art Express-Dampfgaren, für das sich jedes Lebensmittel eignet. Sie müssen lediglich in eine Rolle Pergamentpapier (gibt es als „Kochpergament") investieren– weiter nichts! In einem einfachen Stück Papier können Sie praktisch alles garen. Und es geht nicht nur superschnell, es sorgt bei Tisch auch für tolle Überraschungseffekte.

Die Gäste müssen die Päckchen nur noch öffnen, und schon kann's ans Genießen gehen. Und wie das dampft und duftet … Eine schnelle, raffinierte Methode, mit der sich die leckersten Gerichte zaubern lassen und die den Geschmack der Speisen besonders gut zur Geltung bringt. Eines dürfen Sie dabei allerdings nicht vergessen: Sie müssen sich vorher genau überlegen, welche Zutaten Sie gerne mal miteinander kombinieren möchten. Denn sind die Päckchen erst einmal verschlossen, ist es dafür zu spät.

Sie werden in diesem Buch eine Fülle köstlicher, aromatischer Gerichte kennenlernen, mit Gemüse und Kräutern, Marinaden und Sößchen, die den Geschmack von Fisch und Fleisch auf natürliche Weise hervorheben und ergänzen. Darüber hinaus finden Sie jede Menge Anregungen für Würzmischungen, mit denen Sie Fisch und Fleisch, ja sogar Desserts, eine ganz besondere Note verleihen können.

Viel Spaß und gutes Gelingen!

Sandra

TIPPS & TRICKS

DIE HÜLLE

Alufolie
Von Alufolie rate ich ab, denn man weiß bislang noch nicht, ob sie eventuell gesundheitsschädlich ist.

Pergamentpapier
… ist mein Favorit, denn es ist schlichtweg ideal. Einfach die Seite, auf die man das Gargut legt, mit Öl bepinseln, zusammenfalten und verschließen – fertig. Man bekommt Pergamentpapier als Rolle oder Einzelbogen, und es gibt sogar ein Bio-Kochpergament mit lebensmittelechter Beschichtung.

Silikonformen mit Vakuumdeckel
… sind eine schnelle, praktische Alternative. Die Formen aus Pergamentpapier selber zu falten, ist nicht nur preiswerter, sondern macht auch Spaß.

Blätter
Zum Verpacken eignen sich auch Pflanzenblätter wie Feigen-, Wein- oder Kohlblätter. Besonders stabil und deshalb am besten geeignet sind Bananenblätter.

FALTEN UND GAREN

Ganz wichtig: das richtige Falten und Verschließen der Päckchen. Egal, welche Form Sie wählen, das Päckchen muss unbedingt luftdicht verschlossen sein. Das ist das ganze Geheimnis, und davon hängt das Gelingen ab. Die Luft darf nicht entweichen. Am besten üben Sie erst einmal ein bisschen, bevor Sie mit der Zubereitung beginnen.

Das Päckchen
… ist am einfachsten zu falten. Nehmen Sie ein rechteckiges Stück Pergamentpapier. Das Papier sollte so groß sein, dass es die Zutaten locker umhüllt und auf allen Seiten noch ein 5–6 Zentimeter breiter Rand frei bleibt. Legen Sie die Lebensmittel in die Mitte, schlagen Sie die beiden Längsseiten darüber, falten Sie die Ränder ineinander und knicken Sie sie einige Male um, dann knicken Sie die schmalen Enden ein paar Mal um. Damit das Ganze gut zusammenhält, binden Sie das Päckchen am besten noch mit Küchengarn zusammen.

Der Pompadour
Schneiden Sie aus einem Stück Pergamentpapier ein Quadrat oder einen Kreis aus und geben sie dabei wiederum einen 5–6 Zentimeter breiten Rand zu. Verteilen Sie die Zutaten in der Mitte des Blattes und fassen Sie das Papier zu einem Beutel zusammen, den Sie fest mit Küchengarn zubinden.

Die Tüte
Schneiden Sie pro Tüte zwei Quadrate aus Pergamentpapier aus und geben Sie dabei wiederum auf allen Seiten einen 5–6 Zentimeter breiten Rand zu. Legen Sie die Lebensmittel in die Mitte des einen Blattes und legen Sie das zweite Blatt darauf. Knicken Sie die beiden Blätter anschließend so an den Rändern um, dass das Quadrat hermetisch verschlossen ist. Die Tüten sehen ausgesprochen dekorativ aus und eignen sich auch für besondere Anlässe.

GROSS ODER KLEIN?

Single-Päckchen oder Familien-Paket – alles ist möglich. Die Speisen können als Einzelportionen oder als großes „Paket" gegart werden. Wenn Sie letztere Variante wählen, sollten Sie allerdings zweierlei beachten: Garzeit und Papiergröße müssen entsprechend angepasst werden.

AUSSERDEM WICHTIG

Die Flüssigkeit – das A und O
Ohne eine flüssige Zutat, zum Beispiel Wein, Jus oder Bouillon, geht es nicht, weil sich sonst in den Päckchen kein Dampf entwickeln kann. Bei der Menge ist allerdings Augenmaß gefordert, denn verwendet man zu viel Flüssigkeit, wird das Päckchen unter Umständen instabil. In diesem Fall am besten noch eine Zutat hinzufügen, die die Flüssigkeit aufsaugt.

Der Herd
Den Backofen unbedingt immer erst gut vorheizen (etwa 210 °C). Keine Sorge: Das Papier ist hitzeresistent und verbrennt nicht.

saftig und zart fische im ganzen

Einen großen Fisch in einer Court-Bouillon oder im Backofen zu garen – das war einmal. Das geeignetste Garverfahren für Fisch ist ganz sicher das Garen in Pergamentpapier. Denn durch die heiße Luft und den Dampf, der sich in der Papierhülle entwickelt, bleibt das Fleisch zart und trocknet nicht aus. So kommen die feine Textur und der Geschmack des Fisches am besten zur Geltung. Ein weiterer Vorteil: Es geht superschnell und völlig geruchlos.

GOLDBRASSE MIT FENCHEL & ORANGE *(Rezept Seite 12)*

STREIFENBRASSE AUF KREOLISCHE ART *(Rezept Seite 12)*

GOLDBRASSE MIT FENCHEL & ORANGE *(Foto Seite 10)*

Für 4 Personen
Vorbereitungszeit: 10 Minuten
Garzeit: 15–20 Minuten

2 Goldbrassen à 500 g,
ausgenommen und geschuppt
1 unbehandelte Orange
½ Bund Dill
1 Fenchelknolle
Olivenöl
1 TL Fenchel- oder Anissamen
Salz und Pfeffer

Den Backofen auf 210 °C vorheizen. Die Orangenschale abreiben, dann die Orange halbieren. Den Dill über einem Glas mit einer Schere fein schneiden. Den Fenchel in Scheiben schneiden.

Vier Bögen Pergamentpapier zurechtschneiden. Je zwei Bögen aufeinanderlegen, mit Olivenöl bepinseln und den Fenchel darauf verteilen (oder Sie nehmen zwei große Silikonformen mit Deckel). Die Fische auf den Fenchel legen und jeweils mit dem Saft einer halben Orange beträufeln. Mit den Fenchel- oder Anissamen und der abgeriebenen Orangenschale bestreuen und mit Salz und Pfeffer würzen. Mit etwas Olivenöl beträufeln und den Dill darüberstreuen.

Das Papier hermetisch zu Päckchen verschließen, auf ein Backblech legen und die Fische 15–20 Minuten im Backofen garen.

STREIFENBRASSE AUF KREOLISCHE ART *(Foto Seite 11)*

Für 4 Personen
Vorbereitungszeit: 10 Minuten
Garzeit: 20–25 Minuten

2 Streifenbrassen à 500 g,
ausgenommen und geschuppt
2 Süßkartoffeln
Olivenöl
1 TL Paprikapulver edelsüß
1 Prise Piment d'Espelette (oder anderer mittelscharfer Paprika)
Salz und Pfeffer
2 Stängel Zitronengras
½ Bund Koriandergrün

Den Backofen auf 210 °C vorheizen. Die Süßkartoffeln schälen und mit der Mandoline in hauchdünne Scheiben schneiden.

Vier Bögen Pergamentpapier zurechtschneiden. Je zwei Bögen aufeinanderlegen, mit Olivenöl bepinseln und die Süßkartoffeln darauf verteilen (oder Sie nehmen zwei große Silikonformen mit Deckel). Die Fische auf die Kartoffeln legen, mit den Gewürzen und mit dem in feine Ringe geschnittenen Zitronengras bestreuen. Mit etwas Olivenöl beträufeln und das fein geschnittene Koriandergrün darüberstreuen.

Das Papier hermetisch zu Päckchen verschließen, auf ein Backblech legen und den Fisch 20–25 Minuten im Backofen garen.

GOLDBRASSE MIT ZITRUSFRÜCHTEN & BASILIKUM

Für 4 Personen
Vorbereitungszeit: 15 Minuten
Garzeit: 25 Minuten

1 Goldbrasse, ausgenommen und geschuppt
2 rosa Grapefruits
3 Clementinen
Saft von 1 Zitrone
Einige Basilikumblätter, fein geschnitten
50 ml Olivenöl
100 ml trockener Weißwein
2 TL Instant-Fischfond
1 TL Zucker
3 Frühlingszwiebeln
Salz und Pfeffer

Den Backofen auf 210 °C vorheizen. Aus Pergamentpapier ein Rechteck in der doppelten Größe der Dorade plus Randzugabe ausschneiden. Das Papier mit Olivenöl bepinseln und den Fisch in die Mitte legen.

Eine Grapefruit dick abschälen, in Spalten zerteilen und filetieren. Die zweite Grapefruit auspressen. Zwei Clementinen ebenfalls filetieren und die dritte auspressen. Grapefruit-, Clementinen- und Zitronensaft mischen und mit dem Weißwein, Fischfond, Zucker und 1 Esslöffel Olivenöl verrühren. Die Frühlingszwiebeln in feine Ringe schneiden.

Die Goldbrasse mit Grapefruit- und Clementinenfilets belegen. Die restlichen Filets in der Bauchhöhle verteilen. Den Fisch mit dem Saft begießen, kräftig mit Salz und Pfeffer würzen und mit dem Basilikum und den in feine Ringe geschnittenen Frühlingszwiebeln bestreuen.

Das Papier hermetisch zu einem Päckchen verschließen, auf ein Backblech legen und den Fisch je nach Größe etwa 25 Minuten im Backofen garen.

GOLDBRASSE MIT ZITRUSFRÜCHTEN UND BASILIKUM

WOLFSBARSCH
MIT KIWI-APFEL-TATAR

Für 4 Personen
Vorbereitungszeit: 15 Minuten
Garzeit: 25–30 Minuten

1 Wolfsbarsch (1 kg), ausgenommen und geschuppt
2 Kiwis
1 grüner Apfel
Saft von 1 Zitrone
½ Bund glatte Petersilie
Fleur de Sel und Pfeffer
Olivenöl

Den Backofen auf 210 °C vorheizen.

Die Kiwis schälen und fein würfeln. Den Apfel waschen und ebenfalls fein würfeln. Beides miteinander mischen und den Zitronensaft darüber-gießen. Die Petersilie sehr fein schneiden und unter die Früchte mischen. Das Frucht-Tatar anschließend mit Fleur de Sel und Pfeffer würzen.

Ein Backblech mit einem Stück Pergamentpapier auslegen und das Papier leicht mit Olivenöl bepinseln. Den Fisch darauflegen, mit dem Kiwi-Apfel-Tatar bedecken und mit Olivenöl beträufeln.

Das Papier hermetisch zu einem Päckchen verschließen und den Fisch 25–30 Minuten (gegebenenfalls weitere 5 Minuten pro 500 Gramm Fisch zugeben) im vorgeheizten Backofen garen.

GLATTBUTT MIT PROVENZALISCHEN TOMATEN

Für 4 Personen
Vorbereitungszeit: 10 Minuten
Garzeit: 25–30 Minuten

1 Glattbutt (etwa 1 kg), ausgenommen und geschuppt
3 schöne Tomaten
1 Knoblauchzehe
Fleur de Sel und bunter Pfeffer
2 TL Kräuter der Provence
Olivenöl

Den Backofen auf 210 °C vorheizen. Die Tomaten waagerecht halbieren. Den Knoblauch hacken oder durch die Knoblauchpresse drücken. Die Tomaten-hälften mit Fleur de Sel und Pfeffer würzen und mit Provencekräutern und Knoblauch bestreuen.

Zwei große Bögen Pergamentpapier aufeinanderlegen und mit Olivenöl bepinseln (oder zwei große Silikonformen mit Deckel vorbereiten). Die Toma-ten darauf verteilen und den Fisch darauflegen. Mit Olivenöl beträufeln und mit Fleur de Sel und Pfeffer würzen.

Das Papier hermetisch zu einem Päckchen verschließen, auf ein Backblech legen und den Fisch 25–30 Minuten im Backofen garen.

SEEHECHT IN COURT-BOUILLON MIT ERBSEN & ROSINEN

Für 4 Personen
Vorbereitungszeit: 15 Minuten
Garzeit: 20 Minuten

1 Seehecht (750–1000 g),
ausgenommen und geschuppt
4 Frühlingszwiebeln
150 ml Gemüsebrühe
100 ml halbtrockener Weißwein
3 EL Rosinen
200 g Erbsen, frisch oder
tiefgekühlt
1 Stange Lauch (nur der weiße
Teil), fein geschnitten
Fleur de Sel und frisch
gemahlener schwarzer oder
bunter Pfeffer

Den Backofen auf 210 °C vorheizen. Die Frühlingszwiebeln der Länge nach halbieren. Eine große Gratinform mit Pergamentpapier auskleiden.

Den Fisch in die Form legen, mit Bouillon und Weißwein begießen und Rosinen, Erbsen, Frühlingszwiebeln und Lauch darüberstreuen. Mit Salz und Pfeffer würzen.

Das Papier hermetisch verschließen (dazu das Papier an den Enden zusammendrehen und unter den Fisch schieben) und den Fisch etwa 20 Minuten im Backofen garen.

MEERBARBE MIT VIER-GEWÜRZE-PULVER & ANNATTOÖL

Annatto nennt man die Samen des Orleansstrauchs. Ihr Aroma erinnert ein wenig an Muskat und Pfeffer, und sie färben die Lebensmittel rot. Annatto ist in Bioläden erhältlich oder über das Internet zu beziehen. Ich verwende sie hier, um das blumige Aroma des Traubenkernöls zu unterstreichen.

Für 4 Personen
Vorbereitungszeit: 10 Minuten
Ziehzeit für das Annattoöl:
24 Stunden
Garzeit: 20 Minuten

2 Meerbarben (à 500–600 g),
ausgenommen und geschuppt
2 TL Annattosamen
200 ml Trauben- oder Kürbiskernöl
2 große Tomaten
Salz und Pfeffer
1 TL Vier-Gewürze-Pulver
2 Stängel Dill

Die Annattosamen am Vortag mit dem Trauben- oder Kürbiskernöl in eine kleine Gefrierdose füllen und das Ganze 24 Stunden im Kühlschrank ziehen lassen. Das Öl färbt sich rot und kann mehrere Wochen im Kühlschrank aufbewahrt werden.

Den Backofen auf 210 °C vorheizen. Die Tomaten in Scheiben schneiden, mit dem Öl beträufeln und mit Salz, Pfeffer und Vier-Gewürze-Pulver bestreuen.

Jede Meerbarbe auf ein Stück Pergamentpapier legen und die Tomatenscheiben darauf verteilen oder die Fische auf ein Bett aus Tomatenscheiben legen. Mit dem Annattoöl beträufeln, den Dill darüberstreuen und kräftig mit Salz und Pfeffer würzen.

Das Papier hermetisch verschließen, die Päckchen auf ein Backblech legen und den Fisch etwa 20 Minuten im Backofen garen.

das gesunde „fastfood"

fischfilets

Ein in Pergamentpapier gegartes Fischfilet ist
das ideale Essen, wenn es mal schnell gehen
muss und man trotzdem nicht auf eine gesunde
Mahlzeit verzichten will. Ob für Singles oder
für eine große Tischgesellschaft – die Gerichte
in diesem Kapitel sind besonders schnell
und einfach zuzubereiten. Ein paar Gewürze,
ein paar Kräuter, etwas Olivenöl – und das
war's schon!

SEELACHS AUF BLATTSPINAT

Für 4 Personen
Vorbereitungszeit: 10 Minuten
Garzeit: 12–15 Minuten

4 Seelachsfilets à 150–180 g
600 g frischer Spinat
4 EL Olivenöl
Fleur de Sel
Frisch gemahlener Pfeffer
1 kleine Prise gemahlener
Kardamom
4 Frühlingszwiebeln oder
1 große Lauchzwiebel
(ersatzweise Lauchgrün)

Den Backofen auf 210 °C vorheizen. Aus Pergamentpapier acht Rechtecke zurechtschneiden. Je zwei Rechtecke aufeinanderlegen und mit Olivenöl bepinseln.

Den Spinat gründlich waschen, die Stiele entfernen und die Blätter in feine Streifen schneiden.

Den Spinat auf dem Pergamentpapier verteilen. Die Fischfilets darauflegen, mit Olivenöl beträufeln, mit Fleur de Sel, Pfeffer und Kardamom würzen und die fein geschnittene Zwiebel darüberstreuen.

Das Papier hermetisch zu Päckchen verschließen, auf ein Backblech oder in eine Gratinform legen und den Fisch 12–15 Minuten im Backofen garen, bis der Spinat sehr weich ist.

LACHS MIT INGWER, ALGEN & SESAM *(Rezept Seite 28)*

LACHS MIT INGWER, ALGEN & SESAM *(Foto Seite 26)*

Für 4 Personen
Vorbereitungszeit: 15 Minuten
Garzeit: 12–15 Minuten

4 Lachsfilets
50 ml Sesamöl
2 getrocknete Algenblätter
(Nori, Kombu oder Dulse)
1 Stück (1 cm) frischer Ingwer
1 TL Sesam
100 g Semmelstoppelpilze
(ersatzweise braune
Champignons)
2 Lauchzwiebeln oder 1 Bund
Frühlingszwiebeln
½ Bund frisches Koriandergrün
Fleur de Sel und bunter Pfeffer

Den Backofen auf 210 °C vorheizen. Aus Pergamentpapier vier Rechtecke oder Quadrate ausschneiden und mit Sesamöl bepinseln.

Die Algen in feine Streifen schneiden, den Ingwer hacken oder reiben. Die Pilze in dünne Scheiben schneiden. Die Zwiebeln fein schneiden, das Koriandergrün über einem Glas mit einer Schere fein schneiden. Jeweils ein Lachsfilet auf jeden Papierbogen legen. Ingwer, Pilze, Algen, Zwiebeln und Sesam darauf verteilen, mit Fleur de Sel und Pfeffer würzen und das Koriandergrün darüberstreuen.

Das Papier hermetisch zu Päckchen verschließen, auf ein Backblech legen und den Fisch je nach Dicke 12–15 Minuten im Backofen garen.

LACHS MIT LAUCH, ZITRONEN-GRAS & KORIANDER *(Foto Seite 27)*

Für 4 Personen
Vorbereitungszeit: 10 Minuten
Garzeit: 12–15 Minuten

5 Lachsfilets à 150 g
4 EL Olivenöl
1 Stange Lauch (nur der weiße
Schaft)
1 Stängel Zitronengras
Sel de Guérande und frisch
gemahlener Pfeffer
4 Stängel Koriandergrün

Den Backofen auf 210 °C vorheizen. Acht Bögen Pergamentpapier zurecht-schneiden. Je zwei Bögen aufeinanderlegen und mit Olivenöl bepinseln.

Den Lauch in sehr feine Röllchen schneiden und auf dem Pergamentpapier verteilen. Das Zitronengras ebenfalls in sehr feine Röllchen schneiden. Die Lachsfilets auf den Lauch legen und das Zitronengras darüberstreuen. Mit Salz und Pfeffer würzen und mit etwas Olivenöl beträufeln.

Das Papier hermetisch zu Päckchen verschließen, auf ein Backblech legen und den Fisch 12–15 Minuten im Backofen garen. Die Filets vor dem Servieren mit dem fein geschnittenen Koriandergrün bestreuen.

LACHS MIT WASABI

Für 4 Personen
Vorbereitungszeit: 15 Minuten
Garzeit: 12–15 Minuten

4 Lachsfilets à 150 g
½ Weiß- oder Grünkohl
1 TL Wasabi (ersatzweise
Meerrettich)
4 EL Olivenöl
½ Bund Minze
Sel de Guérande oder
Fleur de Sel
Frisch gemahlener Pfeffer

Den Backofen auf 210 °C vorheizen. Den Kohl in feine Streifen schneiden. Das Wasabi mit 150 Milliliter heißem Wasser anrühren.

Aus Pergamentpapier vier Rechtecke zurechtschneiden und mit Olivenöl bepinseln. Den Kohl darauf verteilen und die Lachsfilets darauflegen. Mit der Wasabisauce begießen und mit der fein geschnittenen Minze bestreuen. Mit etwas Olivenöl beträufeln und mit Salz und Pfeffer (Vorsicht beim Pfeffern, das Wasabi ist bereits relativ scharf) würzen.

Das Papier hermetisch zu Päckchen verschließen und den Fisch 12–15 Minuten im Backofen garen.

LACHS MIT WASABI

ROCHEN MIT ZITRUSFRÜCHTEN

Für 4 Personen
Vorbereitungszeit: 15 Minuten
Garzeit: 20 Minuten

2 Rochenflügel à etwa 600 g
1 Knoblauchzehe
1 Schalotte
2 rosa Grapefruits
2 Orangen
1 kleine Frühlingszwiebel
½ Bund Dill
1 Stück (1 cm) frischer Ingwer
Olivenöl
200 ml trockener Weißwein
Salz und Pfeffer

Den Backofen auf 210 °C vorheizen. Die Rochenflügel waschen und trocken tupfen. Knoblauch und Schalotte schälen und fein schneiden.

Grapefruits und Orangen schälen und filetieren. Die Frühlingszwiebel der Länge nach halbieren. Den Dill fein schneiden. Den Ingwer schälen und in dünne Scheiben schneiden.

Zwei große Rechtecke aus Pergamentpapier zurechtschneiden und mit Olivenöl bepinseln. Knoblauch und Schalotte darauf verteilen und die Rochenflügel in die Mitte legen. Mit den Grapefruit- und Orangenfilets belegen, mit dem Dill bestreuen und den Wein darübergießen. Jeweils eine halbe Frühlingszwiebel in die Mitte legen, die Ingwerscheiben darauf verteilen und kräftig mit Salz und Pfeffer würzen.

Das Papier hermetisch zu Päckchen verschließen, auf ein Backblech legen und die Rochenflügel 20 Minuten im Backofen garen. Sofort mit körnigem Wildreis servieren.

PETERSFISCH MIT LAUCH, PILZEN & MANDARINENÖL

Für 4 Personen
Vorbereitungszeit: 15 Minuten
Garzeit: 20 Minuten

4 Petersfischfilets
4 EL mit Mandarine aromatisiertes Olivenöl (auch als Fertigprodukt im Internet erhältlich)
1 große oder 2 kleine Stangen Lauch
300 g Austernpilze oder Champignons
4 Frühlingszwiebeln oder ½ Bund Schnittlauch
Sel Fou (Fleur de Sel mit Gewürzen); ersatzweise Kräutersalz
Frisch gemahlener Pfeffer

Den Backofen auf 210 °C vorheizen. Aus Pergamentpapier vier Rechtecke zurechtschneiden. Mit Olivenöl bepinseln und die Fischfilets mit der Hautseite nach unten darauflegen.

Den Lauch in feine Röllchen und die Pilze in dünne Scheiben schneiden. Frühlingszwiebeln oder Schnittlauch ebenfalls in Röllchen schneiden. Das Gemüse auf den Filets verteilen, mit etwas Olivenöl beträufeln und mit Sel Fou und Pfeffer würzen.

Das Papier hermetisch zu Päckchen verschließen, auf ein Backblech legen und die Filets 20 Minuten im Backofen garen.

MEERBARBE MIT TOMATENSALSA

Für 4 Personen
Vorbereitungszeit: 15 Minuten
Garzeit: 15–20 Minuten

8 Meerbarbenfilets (oder
4 ganze Fische, geschuppt)
Olivenöl

Für die Salsa
2 Knoblauchzehen
2 Strauchtomaten
4 Kaffirlimettenblätter
3 Stängel Koriandergrün
Fleur de Sel und frisch
gemahlener Pfeffer

Den Backofen auf 210 °C vorheizen. Aus Pergamentpapier acht Rechtecke zurechtschneiden. Je zwei Rechtecke aufeinanderlegen und mit Olivenöl bepinseln.

Für die Salsa den Knoblauch mit einem Messer zerdrücken und fein hacken. Die Tomaten fein würfeln. (Wer möchte, kann die Tomaten vorher noch enthäuten: Die Tomaten dazu 1 Minute in kochendes Wasser legen, unter fließendem kaltem Wasser abschrecken und die Schale abziehen.)

Die Tomatenwürfel in einer Schüssel mit dem Knoblauch mischen. Kaffirlimettenblätter und Koriandergrün sehr fein schneiden und dazugeben. 1 Esslöffel Olivenöl hinzufügen, mit Salz und Pfeffer würzen und die Zutaten gut verrühren.

Je zwei Meerbarbenfilets auf das vorbereitete Pergamentpapier legen, die Salsa darauf verteilen und das Ganze mit etwas Olivenöl beträufeln. Das Papier hermetisch zu Päckchen verschließen, auf ein Backblech legen und die Filets 15–20 Minuten im Backofen garen.

MEERBARBE MIT ANCHOVIS & KIRSCHTOMATEN

Für 4 Personen
Vorbereitungszeit: 15 Minuten
Garzeit: 15–20 Minuten

8 Meerbarbenfilets (oder
4 ganze Fische, geschuppt)
Olivenöl
10 Anchovis
40 g weiche Butter
3 Stängel Basilikum oder
glatte Petersilie
Frisch gemahlener Pfeffer
4 kleine Rispen Kirschtomaten

Den Backofen auf 180 °C vorheizen. Aus Pergamentpapier acht Rechtecke zurechtschneiden. Je zwei Rechtecke aufeinanderlegen und mit Olivenöl bepinseln.

Mit einer Gabel die Anchovis zusammen mit der Butter zerdrücken. Anschließend das fein geschnittene Basilikum oder die fein gehackte Petersilie untermischen und mit Pfeffer würzen.

Vier Fischfilets auf die vorbereiteten Pergamentrechtecke legen und mit der Farce bestreichen. Jeweils ein zweites Filet darauflegen. Die Kirschtomaten vierteln und auf den Fischfilets verteilen. Mit etwas Olivenöl beträufeln. Das Papier sorgfältig verschließen, die Päckchen auf ein Backblech legen und die Filets 15–20 Minuten im Backofen garen.

FORELLENFILET MIT TOMATEN-RUCOLA-PESTO

Für 2–4 Personen
Vorbereitungszeit: 10 Minuten
Garzeit: 15–20 Minuten

2 Forellenfilets à 300 g
1 Weißkohl, fein geschnitten
1 Handvoll Rettichsprossen
Fleur de Sel und frisch gemahlener
schwarzer oder bunter Pfeffer
Saft von 1 Zitrone

Für das Pesto
200 g Rucola
80 g Pinienkerne
100 g halb getrocknete Tomaten
200 ml Olivenöl extra vergine

Den Backofen auf 210 °C vorheizen.

Für das Pesto Rucola, Pinienkerne und Tomaten (einige Tomaten zum Garnieren aufheben) im Mixer pürieren. Bei laufendem Mixer das Öl einlaufen lassen, bis die Mischung eindickt.

Zwei Rechtecke aus Pergamentpapier zurechtschneiden. Den Kohl darauf verteilen und die Forellenfilets darauflegen. Die Rettichsprossen darüberstreuen. Kräftig mit Salz und Pfeffer würzen. Mit dem Pesto bestreichen, mit den restlichen Tomaten garnieren und mit dem Zitronensaft beträufeln.

Das Papier hermetisch zu Päckchen verschließen. Die Filets 15–20 Minuten im Backofen garen und sofort servieren.

SCHWERTFISCH MIT PAPRIKA

Für 4 Personen
Vorbereitungszeit: 15 Minuten
Garzeit: 20 Minuten

1 große Scheibe Schwertfisch
(600–700 g) oder 2 kleinere
3 TL Paprikapulver
2 Messerspitzen Safranfäden
Fleur de Sel und bunter Pfeffer
150 ml Olivenöl extra vergine
1 grüne Paprikaschote
1 gelbe Paprikaschote
1 kleiner Vogelchili (nach
Belieben)
1 Frühlingszwiebel (nach
Belieben)

Den Backofen auf 210 °C vorheizen. Das Paprikapulver mit Safran, Fleur de Sel, Pfeffer und Olivenöl verrühren.

Die Paprikaschoten und die Chilischote (je nachdem, wie scharf Sie den Fisch mögen, können Sie davon auch mehr oder weniger nehmen) in sehr feine Streifen schneiden.

Die Paprikastreifen auf einem großen Bogen Pergamentpapier verteilen und den Schwertfisch darauflegen. Mit dem Paprikaöl bepinseln, mit den Chilistreifen und nach Belieben noch mit etwas fein geschnittener Frühlingszwiebel bestreuen.

Das Papier hermetisch zu einem Päckchen verschließen und den Fisch 20 Minuten im Backofen garen.

MARINIERTER THUNFISCH AUF ROTER BETE

Für 4 Personen
Vorbereitungszeit: 10 Minuten
Marinierzeit: 24 Stunden
Garzeit: 15–20 Minuten

1 Scheibe roter Thunfisch
150 ml Oliven- oder Kürbiskernöl
Etwas Sesamöl
2 EL Sesam
2 TL gemahlener Ingwer
2 EL süße Sojasauce
1 TL Worcestersauce
1 Rote Bete
Salz und frisch gemahlener
schwarzer oder bunter Pfeffer

Am Vortag das Oliven- oder Kürbiskernöl in einem großen Suppenteller mit Sesamöl, Sesam, Ingwer, Soja- und Worcestersauce verrühren. Den Thunfisch einlegen, mit Frischhaltefolie abdecken und 24 Stunden im Kühlschrank marinieren lassen.

Am folgenden Tag den Backofen auf 210 °C vorheizen. Die Rote Bete waschen, schälen und mit der Mandoline, einem scharfen Messer oder der Reibe in hauchdünne Scheiben schneiden. Die Scheiben rosettenförmig auf einem großen Bogen Pergamentpapier auslegen. Den Thunfisch darauflegen, mit etwas Salz und kräftig mit Pfeffer würzen.

Das Papier hermetisch zu einem Päckchen verschließen, auf ein Backblech legen und den Fisch 15 Minuten (wenn er innen nicht ganz durchgebraten sein soll) bzw. 20 Minuten (wenn er innen durchgebraten sein soll) im Backofen garen.

Die Rote Bete kann auch durch anderes fein geschnittenes Gemüse, z. B. durch Champignons, ersetzt werden.

KABELJAU AUF INDISCHE ART

Für 4 Personen
Vorbereitungszeit: 20 Minuten
Marinierzeit: 30 Minuten
Garzeit: 20–23 Minuten

4 relativ dicke Kabeljaurücken-
stücke à 150–200 g
2 TL Tandoori Masala (indische
Gewürzmischung)
1 Becher Naturjoghurt,
durchgerührt
4 EL Olivenöl
Salz und Pfeffer
1 Brokkoli

Den Backofen auf 210 °C vorheizen. Das Tandoori Masala mit Joghurt und Olivenöl verrühren und mit Salz und Pfeffer würzen. Die Fischstücke in die Marinade legen, mit Frischhaltefolie abdecken und 30 Minuten im Kühlschrank ziehen lassen.

In der Zwischenzeit den Brokkoli in kleine Röschen zerteilen. 5 Minuten in kochendem Salzwasser blanchieren und abtropfen lassen.

Vier Rechtecke aus Pergamentpapier zurechtschneiden und mit Olivenöl bepinseln. Die Brokkoliröschen darauf verteilen und den Kabeljau mit der Sauce daraufgeben.

Das Papier hermetisch zu Päckchen verschließen, auf ein Backblech legen und den Fisch 15–18 Minuten im Backofen garen.

KABELJAU IN CREMIGER MINZESAUCE *(Rezept Seite 48)*

KABELJAU IN CREMIGER
MINZESAUCE *(Foto Seite 46)*

Für 4 Personen
Vorbereitungszeit: 15 Minuten
Garzeit: 15 Minuten

4 Kabeljaurücken à 150–200 g
4 EL Olivenöl
8 Stängel frische Minze
1 unbehandelte Limette
300 g Crème double
Salz und Pfeffer
1 Prise Paprikapulver

Den Backofen auf 210 °C vorheizen. Aus Pergamentpapier vier Rechtecke zurechtschneiden und mit Olivenöl bepinseln.

Die Minze hacken. Die Limette dünn abschälen und die Schale mit dem Messer hacken. Minze und Limettenschale (etwas zum Bestreuen aufheben) unter die Crème double rühren und mit Salz, Pfeffer und Paprika würzen.

Die Fischstücke auf das Pergamentpapier legen, die Crème double darübergießen und das Ganze mit etwas Olivenöl beträufeln. Mit Salz und Pfeffer würzen und mit Minze und Limettenschale bestreuen.

Das Papier hermetisch zu Päckchen verschließen und den Fisch etwa 15 Minuten im Backofen garen. Mit Zitronenschnitzen, kleinen gedämpften Kartoffeln und einem gemischten Blattsalat servieren.

MAKRELE MIT
OCHSENHERZ-TOMATE *(Foto Seite 47)*

Für 4 Personen als Vorspeise
Vorbereitungszeit: 10 Minuten
Garzeit: 15 Minuten

4 frische Makrelenfilets
1 große Ochsenherz-Tomate
4 EL Haselnuss- oder Pistazienöl
Fleur de Sel und frisch gemahlener
schwarzer oder bunter Pfeffer
Zitronensaft
2 Stängel Thai-Basilikum, Blätter
abgezupft

Den Backofen auf 210 °C vorheizen. Die Tomate in relativ dicke Scheiben schneiden und auf einem großen Teller mit dem Öl beträufeln und mit Fleur de Sel und Pfeffer bestreuen.

Vier Rechtecke aus Pergamentpapier zurechtschneiden und mit Öl bepinseln. Die Tomatenscheiben in der Mitte verteilen und jeweils ein Makrelenfilet darauflegen. Mit Salz und Pfeffer würzen, mit etwas Zitronensaft beträufeln und mit den Basilikumblättern bestreuen.

Das Papier hermetisch zu Päckchen verschließen, auf ein Backblech legen und die Filets etwa 15 Minuten im Backofen garen.

FISCH MIT JASMINTEE

Für 4 Personen
Vorbereitungszeit: 10 Minuten
Garzeit: 15–20 Minuten

4 weißfleischige Fischfilets
(z. B. Merlan, Seehecht, Leng …)
1 TL grüne Jasminteeblätter
Fleur de Sel und bunter Pfeffer
4 EL Olivenöl

Den Backofen auf 210 °C vorheizen. Die Teeblätter mit 200 Milliliter heißem Wasser überbrühen und ziehen lassen.

Die Fischfilets auf vier Bögen Pergamentpapier verteilen. Einen Schöpflöffel Tee mit den Blättern darübergießen. Sparsam mit Salz und Pfeffer würzen, damit das Aroma des Tees erhalten bleibt. Etwas Olivenöl darüberträufeln und das Papier hermetisch zu Päckchen verschließen.

Die Filets je nach Dicke 15–20 Minuten im Backofen garen.

FISCH MIT JASMINTEE

GAMBAS MIT SÜSSKARTOFFELN & CHILIBUTTER

Für 4 Personen
Vorbereitungszeit: 10 Minuten
Garzeit: 10–12 Minuten

20 Riesengarnelen
2 Süßkartoffeln
50 g Butter
2 TL Piment d'Espelette
(oder anderer mittelscharfer
Paprika)
Salz
Olivenöl
8 Stängel Schnittlauch

Den Backofen auf 210 °C vorheizen. Die Süßkartoffeln schälen und – am besten mit der Mandoline – in hauchdünne Scheiben schneiden.

Die Butter bei Zimmertemperatur weich werden lassen. Anschließend mit einer Gabel mit dem Piment d'Espelette und 1 Prise Salz vermengen.

Die Garnelen schälen und die Köpfe abtrennen. Die Schwänze am Rücken einschneiden und die schwarzen Därme entfernen.

Vier quadratische Bögen Pergamentpapier mit Olivenöl bepinseln. Die Kartoffelscheiben darauf verteilen und auf jede Portion 1 Teelöffel Chilibutter geben. Die Garnelen rosettenförmig darauf anrichten und ebenfalls mit 1 Teelöffel Chilibutter besetzen.

Das Papier zu Beuteln verschließen und mit Küchengarn zubinden. Die Garnelen 10–12 Minuten im Backofen garen und vor dem Servieren mit Schnittlauchröllchen bestreuen.

JAKOBSMUSCHELN MIT GRAPEFRUIT-APFEL-CHUTNEY

Für 4 Personen
Vorbereitungszeit: 15 Minuten
Garzeit: 40 Minuten

20 Jakobsmuschelnüsschen
2 rosa Grapefruits
2 Äpfel (Renette oder Cox Orange)
2 Knoblauchzehen
100 ml Balsamicoessig
4 EL Zucker
1 Prise Piment d'Espelette (oder anderer mittelscharfer Paprika)
1 TL gemahlener oder frisch geriebener Ingwer
Olivenöl
Salz und Pfeffer
1 Zweig frischer Rosmarin

Den Backofen auf 180 °C vorheizen. Grapefruits und Äpfel schälen und fein würfeln. Den Knoblauch schälen und mit dem Messer oder der Knoblauchpresse zerdrücken.

Die Früchte mit Essig, Zucker, Piment d'Espelette, Knoblauch, Ingwer, etwas Olivenöl, Salz und Pfeffer in eine Kasserolle geben und 30 Minuten bei geringer Hitze sanft köcheln lassen. Dabei immer wieder mit einem Holzkochlöffel umrühren. Das fertige Chutney sollte wie ein Kompott oder eine Konfitüre aussehen.

Vier quadratische Bögen Pergamentpapier mit Olivenöl bepinseln und jeweils 5 Jakobsmuscheln in die Mitte setzen. Mit Salz und Pfeffer würzen.

Jeweils 1 Löffel Chutney daraufgeben und mit ein paar Rosmarinnadeln bestreuen.

Das Papier zu Beuteln verschließen und mit Küchengarn zubinden. Die Jakobsmuscheln 10 Minuten im Backofen garen.

MUSCHELMIX

Für 4 Personen
Vorbereitungszeit: 5 Minuten
Garzeit: 10–15 Minuten

300 g Herzmuscheln
300 g Miesmuscheln
300 g Venusmuscheln
Olivenöl
1 Bund glatte Petersilie
200 ml trockener Weißwein
3 Zitronen
Bunter Pfeffer

Den Backofen auf 210 °C vorheizen. Vier Bögen Pergamentpapier mit 30 Zentimeter Seitenlänge mit Olivenöl bepinseln.

Die Muscheln gründlich waschen. Geöffnete Muscheln wegwerfen. Die Petersilie fein schneiden. Die Muscheln auf die Pergamentquadrate verteilen. Das Papier wie zu einem Beutel zusammenfassen. Den Wein und den Saft von 1 Zitrone angießen. Die Muscheln mit Pfeffer würzen und mit der Petersilie bestreuen.

Die Beutel mit Küchengarn zubinden, die Muscheln 10–15 Minuten im Backofen garen. Ungeöffnete Exemplare wegwerfen. Die Muscheln sofort mit Zitronenhälften und frischem Baguette mit Butter servieren.

festtags„braten" ganz einfach

fisch
& fleisch

Was eignet sich am besten für ein Abendessen im großen Kreis? Ein schönes Stück Fisch oder Fleisch, als Festtags„braten" angerichtet. Nichts ist leichter zuzubereiten, und in der Pergamenthülle geht es sogar noch schneller und einfacher. Machen Sie ruhig einmal ein großes „Paket" für alle. Einfach zwei Filets – Fisch oder Fleisch – aufeinanderlegen und mit Gemüse, Käse oder was immer Sie gerade zur Hand haben füllen, ficelieren und fertig. Ihre Gäste werden Augen machen angesichts der zarten, schmackhaften und appetitanregenden Köstlichkeit, die Sie ihnen auftischen!

LACHS MIT TOMATEN-ESTRAGON-RICOTTA-FÜLLUNG

Für 4–6 Personen
Vorbereitungszeit: 15 Minuten
Garzeit: 20–25 Minuten

1 Lachsfilet (etwa 1 kg)
2 EL Pesto rosso
1 Bund Estragon
150 g Ricotta oder Frischkäse
Salz und frisch gemahlener Pfeffer
8–10 getrocknete Tomaten
1–2 EL Olivenöl

Den Backofen auf 210 °C vorheizen. Das Lachsfilet häuten, die schmale Spitze abschneiden und beiseitelegen. Das Filet der Länge nach halbieren, die Gräten mit einer Pinzette entfernen und die beiden Hälften mit Pesto bestreichen.

Einige Estragonblätter zur Seite legen. Den Rest unter die Ricotta rühren. Mit Salz und Pfeffer würzen.

Eine Hälfte des Lachsfilets mit den Tomaten belegen und mit der Ricotta bestreichen. Die zweite Hälfte so auflegen, dass die schönere Seite nach oben zeigt. Die Hälften mehrfach vorsichtig mit Küchengarn zusammenbinden. Ein großes Stück Pergamentpapier mit Öl bepinseln und das gefüllte Filet darauflegen. Das Papier hermetisch zu einem Päckchen verschließen, auf ein Backblech legen und den Fisch 20–25 Minuten im Backofen garen.

SEETEUFEL MIT GERÄUCHERTEM SCHELLFISCH, GRANATAPFEL & LIMETTE

Für 6 Personen
Vorbereitungszeit: 15 Minuten
Garzeit: 20–25 Minuten

1 Seeteufelschwanz
(700 g), gehäutet und die
Mittelgräte entfernt
400 g geräuchertes Schellfischfilet
Olivenöl
5 Stängel Koriandergrün
Saft von 1 Limette
Fleur de Sel und frisch
gemahlener Pfeffer
Kerne von ½ Granatapfel

Den Backofen auf 210 °C vorheizen. Den Seeteufelschwanz der Länge nach halbieren.

Das Schellfischfilet zwischen die beiden Seeteufelfilets legen und den Fisch über die gesamte Länge ficelieren (oder Sie lassen das von Ihrem Fischhändler machen).

Aus Pergamentpapier zwei mindestens 30 × 40 Zentimeter große Rechtecke zurechtschneiden, aufeinanderlegen und das obere Papier mit Olivenöl bepinseln. Den Fisch darauflegen, mit etwas Olivenöl beträufeln, mit dem abgezupften Koriandergrün bestreuen, den Limettensaft darübergießen und mit Fleur de Sel und Pfeffer würzen.

Das Papier hermetisch zu einem Päckchen verschließen, auf ein Backblech legen und den Fisch 20–25 Minuten im Backofen garen. Den Fisch vor dem Servieren mit den Granatapfelkernen bestreuen.

KABELJAU MIT HÜTTENKÄSE & KRÄUTERN

Für 4–6 Personen
Vorbereitungszeit: 15 Minuten
Garzeit: 25–30 Minuten

2 Kabeljaurücken (20-25 cm lang)
1 Bund Schnittlauch
1 Bund Kerbel
1 Bund Basilikum oder Koriandergrün
1 kleine Zwiebel
200 g Hüttenkäse
Fleur de Sel und frisch gemahlener schwarzer oder bunter Pfeffer
4-5 EL Olivenöl extra vergine

Den Backofen auf 220 °C vorheizen. Die Kräuter hacken oder über einem Glas mit der Schere fein schneiden. Die Zwiebel hacken.

In einer Schüssel den Hüttenkäse mit Kräutern (etwas zum Bestreuen aufheben) und Zwiebel vermengen, mit Fleur de Sel und Pfeffer abschmecken und 1–2 Esslöffel Olivenöl unterrühren.

Einen Kabeljaurücken der Länge nach auf das Papier legen und mit der Creme bestreichen. Den zweiten Rücken darauflegen und das Ganze vorsichtig ficelieren. Dabei darauf achten, dass der Fisch nicht auseinanderbricht oder die Füllung herausquillt. Den Fisch mit Salz und Pfeffer würzen, mit den restlichen gehackten Kräutern bestreuen und mit dem restlichen Olivenöl beträufeln.

Das Papier hermetisch zu einem Päckchen verschließen, auf ein Backblech legen und den Fisch 25–30 Minuten im Backofen garen.

ADLERFISCH MIT LAUCH & AUSTERNPILZEN *(Rezept Seite 66)*

LACHS MIT PFIFFERLINGEN & TERIYAKI *(Rezept Seite 66)*

ADLERFISCH MIT
LAUCH & AUSTERNPILZEN (Foto Seite 64)

Für 4 Personen
Vorbereitungszeit: 20 Minuten
Garzeit: 20–25 Minuten

2 Adlerfischfilets à 300 g oder
1 ganzer Fisch (etwa 800 g)
2 Stangen Lauch (nur die
weißen Schäfte)
200 g Austernpilze, geputzt
und klein geschnitten
15 g Butter
Salz und Pfeffer
1 EL Olivenöl
Einige rosa Pfefferbeeren
½ Bund glatte Petersilie

Den Backofen auf 210 °C vorheizen. Den Lauch in Ringe schneiden, mit den Pilzen kurz in einer Pfanne in der Butter anschwitzen und mit Salz und Pfeffer würzen.

1 Fischfilet auf ein Stück Pergamentpapier legen, die Lauchmischung darauf verteilen und das zweite Filet darauflegen. Das Ganze mit Küchengarn ficelieren und dabei die rosa Pfefferbeeren leicht in den Fisch drücken.

Das Papier hermetisch zu einem Päckchen verschließen, auf ein Backblech legen und den Fisch 20–25 Minuten im Backofen garen.

LACHS MIT
PFIFFERLINGEN & TERIYAKI (Foto Seite 65)

Für 4 Personen
Vorbereitungszeit: 15 Minuten
Marinierzeit: 30 Minuten
Garzeit: 20–25 Minuten

1 Lachsfilet (etwa 1 kg),
gehäutet
150 g Pfifferlinge
1 Schalotte
1 EL Olivenöl
150 ml Teriyaki-Sauce (gesüßte
Sojasauce)
Pfeffer
2 getrocknete Nori-Algen-
blätter

Den Backofen auf 230 °C vorheizen. Die Pfifferlinge kurz unter fließendem Wasser waschen und vorsichtig trocken tupfen. Die erdigen Stielenden abschneiden und große Pilze halbieren. Die Schalotte fein hacken. In einer beschichteten Pfanne langsam etwas Olivenöl erhitzen. Die Schalotte mit den Pilzen 5 Minuten sanft anbräunen und die Pfanne anschließend vom Herd nehmen.

Das Lachsfilet der Länge nach halbieren, die Hälften großzügig mit Teriyaki-Sauce bestreichen und 30 Minuten im Kühlschrank ziehen lassen.

1 Lachsfilet auf ein großes Stück Pergamentpapier legen. Die Pilze darauf verteilen, etwas Teriyaki-Sauce darüberträufeln und mit Pfeffer würzen. Das zweite Filet darauflegen, das Ganze vollständig in die Algenblätter einschlagen und mit Küchengarn ficelieren. 1–2 Esslöffel Teriyaki-Sauce mit 1–2 Esslöffeln Wasser verrühren und über den Fisch gießen. Anschließend das Papier hermetisch zu einem Päckchen verschließen.

Den Fisch 20 Minuten im Backofen garen. Soll er durchgegart sein, die Garzeit um 5 Minuten verlängern. Den Fisch danach sofort aus dem Papier nehmen und servieren. Die Kochflüssigkeit nach Belieben als Sauce dazu reichen.

SEELACHS MIT
SHIITAKE-PILZEN

Für 6–8 Personen
Vorbereitungszeit: 20 Minuten
Garzeit: 20 Minuten

2 Seelachsfilets à 400 g
200 g Shiitake-Pilze
Olivenöl
1 EL Fenchelsamen
½ TL gemahlener Ingwer
1 EL grob gehackte Pistazien
½ TL Piment d'Espelette (oder
anderer mittelscharfer Paprika)
Saft von 1 Zitrone

Den Backofen auf 210 °C vorheizen. Die Pilze säubern und in schmale Streifen schneiden.

1 Seelachsfilet auf ein mit Öl eingefettetes Pergamentpapier legen und die Pilze darauf verteilen. Mit Fenchelsamen, Ingwer, Pistazien und Piment d'Espelette bestreuen. Das zweite Filet darauflegen, das Ganze ficelieren und mit dem Zitronensaft begießen.

Das Papier hermetisch verschließen und den Fisch 20 Minuten im Backofen garen.

SEELACHS MIT SHIITAKE-PILZEN

RÄUCHERLACHS MIT JAKOBSMUSCHELN & FEIGEN

Für 4–6 Personen
Vorbereitungszeit: 30 Minuten
Garzeit: 20–25 Minuten

1 EL Milch
4 Scheiben Toastbrot, entrindet
400 g weißfleischiges Fischfilet
(z. B. Kabeljau, Merlan, Heilbutt,
Seelachs, Seehecht)
5 Stängel Schnittlauch
5 Stängel Kerbel
Salz und Pfeffer
1 Messerspitze Fischgewürz
Olivenöl
1 Zucchini
4 große Scheiben schottischer
Räucherlachs
200 g Jakobsmuschelnüsschen
4 Feigen
5 Stängel Dill

Den Backofen auf 210 °C vorheizen. Die Milch in eine kleine Schüssel geben, das Brot über der Schüssel zerkleinern und in der Milch weichen lassen. Die Fischfilets mit Schnittlauch und Kerbel in der Küchenmaschine pürieren. Das ausgedrückte Weißbrot dazugeben und mit Salz, Pfeffer und Fischgewürz würzen.

Ein Stück Pergamentpapier mit Olivenöl bepinseln. Die Zucchini in dünne Scheiben schneiden und in der Mitte des Papiers verteilen.

2 Lachsscheiben auf einem Küchenbrett so nebeneinanderlegen, dass sie sich etwas überlappen. Einen Streifen des Fischpürees in die Mitte geben und die Jakobsmuscheln hineindrücken. Den restlichen Räucherlachs darauflegen, das Ganze mit Küchengarn ficelieren und auf die Zucchini legen.

Die Feigen in dünne Scheiben schneiden und um den Fisch verteilen. Den grob gehackten Dill darüberstreuen, sparsam salzen und kräftig mit Pfeffer würzen.

Das Papier hermetisch verschließen, den Fisch 20–25 Minuten im Backofen garen und sofort servieren.

SEETEUFEL MIT MUSCHELN & RÄUCHERSPECK

Für 4–6 Personen
Vorbereitungszeit: 20 Minuten
Garzeit: 20–25 Minuten

1 Seeteufelschwanz (1,5 kg),
gehäutet und die Mittelgräte
entfernt
2 Schalotten
2 Knoblauchzehen
1 kg Herzmuscheln
50 ml trockener Weißwein
½ Bund frisches Koriandergrün
Olivenöl
400 g durchwachsener Räucherspeck oder Pancetta, in dünne
Scheiben geschnitten
Fleur de Sel und bunter Pfeffer
2 Zweige Rosmarin, die Blätter
abgezupft (nach Belieben)

Den Backofen auf 210 °C vorheizen. Schalotten und Knoblauch schälen und hacken. Den Seeteufelschwanz der Länge nach halbieren, sodass 2 Filets entstehen. Die Muscheln unter fließendem Wasser waschen und abbürsten. Geöffnete Muscheln wegwerfen.

In einer Kasserolle den Wein mit Schalotten und Knoblauch erhitzen. Die Muscheln und etwas Koriandergrün dazugeben und das Ganze kochen lassen, bis sich die Muscheln geöffnet haben. Ungeöffnete Exemplare wegwerfen. Die Muscheln etwas abkühlen lassen und aus der Schale lösen.

Aus Pergamentpapier zwei 30 × 40 Zentimeter große Rechtecke zurechtschneiden. Die Rechtecke aufeinanderlegen und das obere mit Olivenöl bepinseln. Die Speckscheiben so darauf verteilen, dass sie sich leicht überlappen und über die gesamte Länge des Seeteufelfilets reichen. 1 Filet darauflegen, die Muscheln und das restliche Koriandergrün darauf verteilen und das zweite Filet darauflegen. Die Speckscheiben darüberschlagen und das Ganze ficelieren. Mit dem Muschelsud begießen und mit Fleur de Sel und Pfeffer würzen. Nach Belieben die Rosmarinblättchen darüberstreuen.

Das Papier hermetisch zu einem Päckchen verschließen und den Fisch 20–25 Minuten im Backofen garen.

FILET MIGNON
IM SCHINKENMANTEL

Für 4 Personen
Vorbereitungszeit: 20 Minuten
Garzeit: 25 Minuten

500 g Filet mignon vom Schwein
1 Hühner- oder Gemüsebrühwürfel
2 Knoblauchzehen
2 Schalotten
1 Messerspitze Currypulver
1 Messerspitze Paprikapulver
Salz und bunter Pfeffer
100 g geräucherter Schinken, in
hauchdünne Scheiben geschnitten
Olivenöl
Basilikum oder Salbei (je nach
Jahreszeit)

Den Backofen auf 230 °C vorheizen. Den Brühwürfel in 250 Milliliter heißem Wasser auflösen. Knoblauch und Schalotten schälen und fein hacken.

Das Filet mignon mit dem Messer sehr fein (wie ein Tatar) würfeln. Knoblauch, Schalotten, Curry, Paprika, Salz und Pfeffer hinzufügen und die Zutaten mit den Fingerspitzen vermengen.

Ein Stück Pergamentpapier auf ein Backblech legen und mit Olivenöl bepinseln. Die Schinkenscheiben so darauf auslegen, dass sie sich etwas überlappen. Das Fleisch – wie für einen Hackbraten – zu einem Laib formen und auf das Schinkenbett legen. Den Schinken darüberschlagen und das Ganze mit Küchengarn ficelieren. Mit ein paar Basilikumblättern garnieren und großzügig mit Pfeffer würzen.

Das Papier darüberschlagen, den Braten in eine hohe ofenfeste Form legen, die Brühe angießen und das Papier hermetisch zu einem Päckchen verschließen.

Den Braten für 25 Minuten in den Backofen schieben. Das Päckchen vor dem Servieren öffnen und den Braten in Scheiben schneiden.

gefüllt & gerollt

Die Rezepte in diesem Kapitel erfordern ein klein wenig mehr Geschick, Zeit und Aufwand. Doch auch für das gefüllte Gemüse benötigen Sie nicht mehr als eine halbe Stunde. Und die Mühe lohnt sich in jedem Fall!

PUTENSCHNITZEL
MIT KÜRBIS & CHEDDAR

Für 4 Personen
Vorbereitungszeit: 10 Minuten
Garzeit: 8–10 Minuten

4 dünne Putenschnitzel
Fleur de Sel und bunter Pfeffer
2 TL Paprikapulver
¼ Butternuss- oder Hokkaidokürbis
4 Scheiben Cheddar oder
Gouda
1 EL Olivenöl

Den Backofen auf 210 °C vorheizen. Die Putenschnitzel mit Salz, Pfeffer und Paprikapulver würzen. Den Kürbis in ½ Zentimeter dicke Scheiben schneiden und die Schnitzel zur Hälfte damit belegen. Die Käsescheiben darauflegen und die Schnitzel aufrollen.

Aus Pergamentpapier vier Quadrate mit 20 Zentimeter Seitenlänge zurecht-schneiden und mit Olivenöl bepinseln.

Die aufgerollten Schnitzel darauflegen, das Papier wie „Bonbons" verschlie-ßen und die Enden mit Küchengarn zubinden.

Die Schnitzel 8–10 Minuten im Backofen garen.

PUTEN-SALTIMBOCCA MIT MARSALA

Für 4 Personen
Vorbereitungszeit: 15 Minuten
Garzeit: 12 Minuten

4 dünne Putenschnitzel
1 Kugel Mozzarella
Fleur de Sel und bunter Pfeffer
4 dünne Scheiben Pancetta oder
geräucherter Schinken
4 Salbeiblätter
4 EL Olivenöl
4 EL Marsala

Den Backofen auf 210 °C vorheizen. Die Putenschnitzel mit dem Fleisch-klopfer flach klopfen oder mit dem Nudelholz flach walzen. Den Mozzarella in vier Scheiben schneiden.

Die Schnitzel großzügig mit Fleur de Sel und Pfeffer würzen, jeweils mit einer Scheibe Pancetta und Mozzarella belegen und aufrollen. Jeweils 1 Salbei-blatt darauflegen und die Rouladen mit Zahnstochern zustecken.

Aus Pergamentpapier acht Rechtecke zurechtschneiden, jeweils zwei Recht-ecke aufeinanderlegen und die oberen mit Olivenöl bepinseln.

Die Rouladen darauflegen, jeweils mit 1 Esslöffel Marsala beträufeln und mit Fleur de Sel und Pfeffer würzen.

Das Papier hermetisch zu „Bonbons" verschließen und die Rouladen 12 Minuten im Backofen garen.

HÄHNCHENBRUST
MIT RICOTTAFÜLLUNG

Für 4 Personen
Vorbereitungszeit: 20 Minuten
Garzeit: 20 Minuten

4 Hähnchenbrustfilets à 150 g
30 g Pinienkerne
150 g Ricotta
Fleur de Sel und frisch gemahlener
Pfeffer
5 Stängel Basilikum
12 halb getrocknete Tomaten
2 EL Olivenöl

Den Backofen auf 210 °C vorheizen. Die Hähnchenbrustfilets seitlich einschneiden, sodass eine Tasche entsteht. Die Pinienkerne unter die Ricotta mischen, mit Fleur de Sel und Pfeffer würzen und das fein geschnittene Basilikum unterrühren.

Die Filets mit der Ricotta und jeweils 3 Tomaten füllen und mit Küchengarn ficelieren.

Aus Pergamentpapier acht Rechtecke zurechtschneiden, jeweils zwei Rechtecke aufeinanderlegen und die oberen mit Olivenöl bepinseln. Die gefüllten Hähnchenbrustfilets darauflegen, mit etwas Olivenöl beträufeln und das Papier hermetisch zu Päckchen verschließen.

Die Hähnchenbrüste etwa 20 Minuten im Backofen garen.

FILET MIGNON MIT
STEINPILZEN & KASTANIEN

Für 4 Personen
Vorbereitungszeit: 20 Minuten
Garzeit: 16 Minuten

550 g Filet mignon vom Schwein
180 g Esskastanien, geschält
180 g Steinpilzhüte
2 EL Crème double
Salz und Pfeffer

Den Backofen auf 210 °C vorheizen. Das Filet mignon der Länge nach vierteln und in jedes Viertel eine Tasche schneiden. Das Fleisch mit Frischhaltefolie abdecken und mit dem Fleischklopfer flach klopfen oder mit dem Nudelholz flach walzen. Die Filets müssen danach wie dünne Schnitzel aussehen.

Steinpilze und Kastanien mit dem Messer sehr fein – wie ein Tatar – würfeln, mit der Crème double verrühren und mit Salz und Pfeffer würzen.

Die Filets mit der Farce füllen und mit Küchengarn ficelieren.

Aus Pergamentpapier acht Rechtecke zurechtschneiden, jeweils zwei Rechtecke aufeinanderlegen und die oberen mit Olivenöl bepinseln. Die gefüllten Filets darauflegen, mit etwas Olivenöl beträufeln und das Papier hermetisch zu Päckchen verschließen.

Die Filets 16 Minuten im Backofen garen. Sofort servieren und dazu Grüne Bohnen mit Orange (Seite 128) reichen.

LACKIERTES SCHWEINEFILET MIT FEIGEN

Für 4 Personen
Vorbereitungszeit: 25 Minuten
Marinierzeit: 1 Stunde
Garzeit: 20 Minuten

2 kleine Filets mignon vom Schwein
4 EL helle Sojasauce
4 EL Olivenöl
3 TL Fünf-Gewürze-Pulver
2 EL flüssiger Honig
Salz und bunter Pfeffer
2 Feigen
4 frische Salbeiblätter

Die Filets halbieren. Auf der Arbeitsfläche mit Frischhaltefolie abdecken und mit dem Fleischklopfer flach klopfen oder mit dem Nudelholz flach walzen. Sie sollten so dünn wie ein Schnitzel sein. Das Fleisch vorher gegebenenfalls am Rand mehrfach einschneiden.

Sojasauce, Olivenöl, Fünf-Gewürze-Pulver und Honig kräftig mit einer Gabel verrühren und mit Salz und Pfeffer würzen. Die Filets in die Marinade legen und 1 Stunde im Kühlschrank ruhen lassen.

Den Backofen auf 210 °C vorheizen. Die Feigen in Scheiben schneiden. Aus Pergamentpapier vier Rechtecke zurechtschneiden und mit Olivenöl bepinseln. Die Filets darauflegen, jeweils mit 1–2 Feigenscheiben und 1 Salbeiblatt belegen, mit etwas Marinade beträufeln und das Fleisch aufrollen.

Das Papier hermetisch zu Päckchen verschließen und die Filets 20 Minuten im Backofen garen. Mit gedämpftem Couscous oder mit dem Gedämpften Herbstgemüse (Seite 174–175) servieren.

Tipp: Verwenden Sie nach Möglichkeit eine helle Sojasauce. Dunkle Sojasauce ist sehr salzig und hat einen sehr intensiven Eigengeschmack.

SEEZUNGENRÖLLCHEN MIT ZITRONENGRAS

Für 4 Personen
Vorbereitungszeit: 10 Minuten
Garzeit: 8 Minuten

12 Seezungenfilets
200 g flüssige Sahne
1 Stängel Zitronengras, längs
halbiert
Olivenöl
Saft von 1 Limette
Salz und Pfeffer
3 Stängel Koriandergrün

Den Backofen auf 180 °C vorheizen. In einem kleinen Topf die Sahne mit dem Zitronengras erhitzen, 5 Minuten ziehen lassen und das Zitronengras danach herausnehmen.

Aus Pergamentpapier acht Rechtecke zurechtschneiden. Jeweils zwei Rechtecke aufeinanderlegen und die oberen mit Olivenöl bepinseln. Die Seezungenfilets mit dem Limettensaft beträufeln, aufrollen und mit Zahnstochern zustecken.

Je 3 Seezungenröllchen auf jedes Pergamentrechteck legen, die Sahne darübergießen und mit Salz und Pfeffer würzen.

Das Papier hermetisch zu Päckchen verschließen, auf ein Backblech legen und die Seezungenröllchen 8 Minuten im Backofen garen. Vor dem Servieren mit dem fein geschnittenen Koriandergrün bestreuen. Basmati- oder Wildreis dazu reichen.

KALMARE MIT BULGUR GEFÜLLT

Für 4 Personen
Vorbereitungszeit: 30 Minuten
Garzeit: 20–25 Minuten

8 Kalmare à 150 g
grobes Meersalz
200 g Garnelen, geschält
2 Knoblauchzehen
2 Zwiebeln
1 Stück (1 cm) frischer Ingwer
3 EL Olivenöl
Fleur de Sel und bunter Pfeffer
1 Messerspitze gemahlener
Koriander
1 TL Paprikapulver edelsüß
100 g Bulgur
200 ml Geflügelbrühe
10 Stängel Koriandergrün
1 Bund frische Brunnenkresse
oder Feldsalat

Den Backofen auf 210 °C vorheizen. Die Kalmare waschen und mit Küchenpapier trocken tupfen. Köpfe und Tentakel abtrennen, Köpfe, Schnäbel und Därme entfernen. Das Körperinnere mit grobem Meersalz ausreiben und mit kaltem Wasser ausspülen. Die Tentakel in dünne Streifen schneiden.

Die Garnelen fein würfeln. Den Knoblauch schälen und mit dem Messer oder einer Knoblauchpresse zerdrücken. Die Zwiebeln schälen und fein schneiden. Den Ingwer schälen und klein schneiden.

Das Öl in einer Sauteuse erhitzen. Knoblauch, Zwiebeln und Ingwer darin anschwitzen. Die Tentakel und die Garnelen dazugeben und mit Fleur de Sel, Pfeffer, Koriander und Paprika würzen. Den Bulgur hinzufügen und die Zutaten gut verrühren. Etwas Brühe angießen (die Mischung darf nicht zu flüssig werden) und das Ganze 5 Minuten köcheln lassen. Noch einmal abschmecken und das fein geschnittene Koriandergrün untermischen.

Die Bulgurmischung (nicht zu viel, damit die Füllung nicht herausquillt) in die Kalmare füllen, die Kalmare mit Zahnstochern zustecken und ein paar Mal einstechen, damit sie beim Kochen nicht platzen.

Vier Rechtecke aus Pergamentpapier zurechtschneiden und mit Olivenöl bespinseln. Auf jedes Rechteck zwei Kalmare legen und mit etwas Brühe begießen.

Das Papier hermetisch zu Päckchen verschließen und die Kalmare 15–20 Minuten im Backofen garen. Auf einem Bett aus Kresse oder Feldsalat anrichten und mit heißer Tomatensauce (Seite 154) servieren.

GEFÜLLTE TOMATEN

SCHWARZE TOMATEN MIT QUINOA

Für 4 Personen
Vorbereitungszeit: 25 Minuten
Garzeit: 30–40 Minuten

4 große Noire-de-Crimée- oder
andere schwarze Tomaten
Salz
1 kleine gelbe Zwiebel
1 Knoblauchzehe
80 g Champignons
3 dünne Scheiben geräucherter
Schwarzwälder Schinken
2 EL Olivenöl
150 g vorgegarte Dreikorn-
mischung aus roter Quinoa,
Weizen und rotem Reis
(in Bioläden oder über das
Internet erhältlich)
1–2 EL flüssige Sahne
50 g Comté, gerieben
Salz und bunter Pfeffer

Den Backofen auf 180 °C vorheizen. Einen Deckel von den Tomaten abschneiden und das Fruchtfleisch herauslösen. Die Tomaten mit Salz ausstreuen,
umgedreht auf einen Rost oder Küchenpapier stellen und 5 Minuten abtropfen lassen. Zwiebel und Knoblauch schälen und hacken. Die Champignons
ebenfalls hacken. Den Schinken in dünne Streifen schneiden und die Streifen
anschließend halbieren.

Das Öl in einer großen Sauteuse erhitzen. Zwiebel und Knoblauch darin
anschwitzen. Champignons, Schinken, das Getreide und 1–2 Esslöffel Sahne
dazugeben und das Ganze 5–7 Minuten unter häufigem Rühren kochen
lassen.

Die Tomaten mit der Mischung füllen und mit dem geriebenen Käse bestreu-
en. Acht Quadrate aus Pergamentpapier zurechtschneiden, mit Öl bepinseln
und die Tomaten daraufsetzen. Mit Küchengarn zu „Beuteln" verschließen,
auf ein Backblech setzen und die Tomaten 25–30 Minuten garen.

Die folgenden Varianten werden auf dieselbe Weise zubereitet:

FLEISCHTOMATEN MIT LINSEN-FLEISCH-FÜLLUNG

Für 4 Personen
Vorbereitungszeit: 20 Minuten
Garzeit: 30–40 Minuten

Für 4 Fleischtomaten 1 Schalotte, 1 Knoblauchzehe und 4 Stängel Schnittlauch fein schneiden und mit 150 Gramm Wurstbrät mit Kräutern in etwas
Olivenöl anbraten. 150 Gramm gehacktes Kalbfleisch und 1 Teelöffel Vier-
Gewürze-Pulver dazugeben und 5 Minuten sanft garen lassen. 50 Gramm
vorgekochte Linsen untermischen und mit Salz und Pfeffer abschmecken.

STRAUCHTOMATEN MIT PAPRIKAFÜLLUNG

Für 4 Personen
Vorbereitungszeit: 25 Minuten
Garzeit: 30–35 Minuten

Für 4 Tomaten 1 Schalotte, 1 Knoblauchzehe und 1 rote Paprikaschote fein
schneiden und in Olivenöl anschwitzen. 150 Gramm vorgegarten Bulgur
und 1 Teelöffel Paprikapulver hinzufügen und gut umrühren. 1 Dose ab-
getropfte Ölsardinen dazugeben, die Zutaten mit einer Gabel zerdrücken und
mit Salz und Pfeffer würzen. Die Tomaten nach dem Füllen mit 4 Esslöffeln
geriebenem Parmesan und 1 Zweig fein gehacktem Bohnenkraut oder
Thymian bestreuen.

FLEISCHTOMATEN MIT ENTEN-QUINOA-FÜLLUNG

Für 4 Personen
Vorbereitungszeit: 25 Minuten
Garzeit: 30–40 Minuten

Für 4 Fleischtomaten (bevorzugt Ochsenherz-Tomaten) 5 Stängel glatte
Petersilie fein schneiden. 1 Zwiebel und 1 Knoblauchzehe hacken. 150 Gramm
Entenbrust mit dem Messer oder in der Küchenmaschine hacken und mit
1 Prise Muskat, Salz und Pfeffer würzen. Zwiebel, Knoblauch und Fleisch
5 Minuten unter gelegentlichem Rühren in etwas Olivenöl anbräunen.
150 g Quinoa und zum Schluss die Petersilie untermischen. Die Tomaten
nach dem Füllen mit 4 Esslöffeln geriebenem Ossau-Iraty oder einem
anderen Schafsmilch-Schnittkäse bestreuen.

ZUCCHINI MIT RICOTTA-PARMESAN-FÜLLUNG *(Rezept Seite 94)*

ZUCCHINI MIT RICOTTA-PARMESAN-FÜLLUNG (Foto Seite 92)

Für 4 Personen
Vorbereitungszeit: 20 Minuten
Garzeit: 20 Minuten

4 mittelgroße runde Zucchini
250 g Ricotta
5 Stängel Koriandergrün
5 Stängel glatte Petersilie
2 Stängel Minze
5 Stängel Basilikum
1 Ei
2 EL geriebener Parmesan
Sel de Guérande und frisch
gemahlener Pfeffer
1 EL Olivenöl
1 kleines Glas Tomatensauce

Den Backofen auf 210 °C vorheizen. Die Ricotta mit den fein geschnittenen Kräutern, Ei, Parmesan und etwas Olivenöl vermengen und mit Salz und Pfeffer würzen.

Einen Deckel von den Zucchini abschneiden und etwas Fruchtfleisch herauslösen, sodass eine Vertiefung entsteht. Die Zucchini mit der Ricotta-mischung füllen.

Vier 20 × 30 Zentimeter große Rechtecke aus Pergamentpapier zurecht-schneiden und mit Olivenöl bepinseln. 1 Esslöffel Tomatensauce in der Mitte der Rechtecke verstreichen und die Zucchini daraufsetzen. Das Papier zu Beuteln verschließen, mit Küchengarn zubinden und die Zucchini 20 Minuten im Backofen garen.

ARTISCHOCKEN IN MISO (Foto Seite 93)

Für 4 Personen
Vorbereitungszeit: 10 Minuten
Garzeit: 30 Minuten

4 Artischocken
4 EL Olivenöl
½ Packung Instant-Misosuppe
(25–30 g)
Salz und Pfeffer
4 EL Sojasauce
1 EL Sesamöl
1 TL gerösteter Sesam

Den Backofen auf 210 °C vorheizen. Die Artischocken 5 Minuten in kochen-dem Salzwasser blanchieren und abtropfen lassen. Vier Rechtecke aus Perga-mentpapier zurechtschneiden, mit Olivenöl bepinseln und die Artischocken daraufsetzen.

Die Misosuppe mit 300 Milliliter Wasser zubereiten. Die Artischocken jeweils mit ein paar Esslöffeln Misosuppe umgießen und mit Salz und Pfeffer würzen. Das Papier verschließen und die Artischocken 25 Minuten im Back-ofen garen. Inzwischen aus Sojasauce, Sesam- und Olivenöl und Sesamsamen eine Sauce herstellen.

Das Papier vor dem Servieren öffnen, die Artischocken auf Tellern anrichten und mit der Sauce servieren.

ZWIEBELN MIT ZIEGENKÄSEFÜLLUNG

Für 4 Personen
Vorbereitungszeit: 10 Minuten
Garzeit: 30 Minuten

4 große Gemüsezwiebeln
120 g weicher Ziegenkäse
(z. B. Picodon) oder Ziegen-frischkäse
2 EL klein geschnittene
getrocknete Tomaten
2 EL geröstete Pinienkerne
2 Stängel Bohnenkraut, fein
geschnitten
Salz und Pfeffer

Den Backofen auf 210 °C vorheizen. Die Zwiebeln schälen, 5 Minuten in reichlich Salzwasser blanchieren und abtropfen lassen.

Einen Deckel von den Zwiebeln abschneiden, das Fruchtfleisch – am besten mit einem gezahnten Grapefruitlöffel – herauslösen, fein hacken und mit dem Ziegenkäse vermengen. Tomaten, Pinienkerne und Bohnenkraut hinzufügen und mit Salz und Pfeffer würzen.

Die Zwiebeln mit dem Ziegenkäse füllen und auf ein großes, mit Olivenöl eingefettetes Pergamentpapier setzen. Das Papier hermetisch zu einem Päckchen verschließen und die Zwiebeln 25 Minuten im Backofen garen (die Füllung sollte leicht gebräunt, die Zwiebeln aber noch weiß sein).

ZWIEBELN MIT ZIEGENKÄSEFÜLLUNG

GEFÜLLTE PIQUILLOS

Für 4 Personen
Vorbereitungszeit: 45 Minuten
Garzeit: 50 Minuten

1 kg Stockfisch (getrockneter,
ungesalzener Seefisch)
Salz
200 ml Milch
1 kg Kartoffeln
20 g Butter
200 ml Olivenöl
Frisch gemahlener Pfeffer
½ Bund glatte Petersilie
1 kg Piquillos (spitze rote
Paprikaschoten aus Spanien),
roh oder aus dem Glas
1 Schöpflöffel Gemüsebrühe

Den Stockfisch 48 Stunden in kaltem Wasser einweichen und das Wasser mehrfach erneuern. Einen großen Topf mit Wasser füllen, salzen, den Stockfisch einlegen und aufkochen lassen. 100 Milliliter Milch hinzufügen, erneut aufkochen und 10 Minuten köcheln lassen. Den Fisch anschließend abgießen und abkühlen lassen.

In der Zwischenzeit die geschälten und geviertelten Kartoffeln kochen und danach durch die Kartoffelpresse drücken. Die restliche Milch und die Butter unterrühren. Den Fisch mit einer Gabel klein zupfen und unter das Kartoffelpüree mischen. Das Olivenöl in einem feinen Strahl einlaufen lassen und dabei laufend rühren, bis sich die Zutaten miteinander verbunden haben. Mit Pfeffer abschmecken und die gehackte Petersilie unterrühren.

Den Backofen auf 210 °C vorheizen. Die Piquillos 5 Minuten in reichlich Salzwasser blanchieren, abtropfen lassen (bei Piquillos aus dem Glas erübrigt sich das) und mit der Kartoffelmasse füllen.

Ein großes Stück Pergamentpapier mit Olivenöl bepinseln und die gefüllten Piquillos in der Mitte verteilen (sind es zu viele, machen Sie am besten mehrere Päckchen). Mit der Brühe begießen und das Papier hermetisch zu einem Päckchen verschließen.

Die Piquillos 30–35 Minuten im Backofen garen. Bei Piquillos aus dem Glas verkürzt sich die Garzeit auf 20 Minuten.

GEFÜLLTE AUBERGINEN

Für 4 Personen
Vorbereitungszeit: 20 Minuten
Garzeit: 50 Minuten

2 große Auberginen
1 rote Paprikaschote
1 Schalotte
Olivenöl
2 Knoblauchzehen
250 g Wurstbrät mit Kräutern
3 Rinderhacksteaks
200 g Sauce bolognaise
1 Messerspitze Kreuzkümmelsamen
1 Zweig Thymian, die Blättchen
abgezupft
1 EL Balsamicoessig
2 EL Crème double oder
Mascarpone

Den Backofen auf 180 °C vorheizen. Die Paprikaschote in dünne Streifen schneiden und die Streifen anschließend noch einmal halbieren.

Die Schalotte fein hacken und in etwas Olivenöl anschwitzen. Den zerdrückten Knoblauch, das Wurstbrät und die zerkleinerten Hacksteaks dazugeben und das Ganze einige Minuten anbraten. Paprikaschote, Sauce bolognaise, Kreuzkümmel, die Thymianblätter und den Essig hinzufügen, gut umrühren und die Mischung etwa 20 Minuten zugedeckt köcheln lassen.

Die Auberginen der Länge nach halbieren und das Fruchtfleisch mit einem Kugelausstecher herauslösen. Zwei Hälften mit der Fleischsauce füllen, jeweils 1 Esslöffel Crème double oder Mascarpone darauf verteilen und die zweite Hälfte darauflegen.

Aus Pergamentpapier vier Rechtecke zurechtschneiden (sie sollten 5 Zentimeter länger und breiter sein als die Auberginen). Jeweils zwei Rechtecke aufeinanderlegen und die oberen mit Olivenöl bepinseln.

Die Auberginen darauflegen, das Papier hermetisch zu „Bonbons" verschließen, die Enden mit Küchengarn zubinden und die Auberginen etwa 30 Minuten im Backofen garen.

geschmort & gedämpft

klein & fein

Ein Hoch auf diese superschnellen leckeren
Gerichte! Wieso sollte ein Schmorgericht
nur in einem gusseisernen Schmortopf und eine
Tajine nur im Tontopf gelingen? Bei diesen
raffinierten und doch unkomplizierten Rezepten
dürfen Sie Ihren Lieblingstopf getrost im
Schrank lassen!

THAILÄNDISCHE FISCHFRIKADELLEN

Für 6 Personen
Vorbereitungszeit: 20 Minuten
Garzeit: 10–12 Minuten

300 g weißfleischiges Fischfilet
(z. B. Leng, Heilbutt, Kabeljau,
Seehecht, Seeteufel)
1 Dose Krebsfleisch
150 g kleine Tiefseegarnelen,
geschält
½ Bund frisches Koriandergrün
1 Stück (1 cm) frischer Ingwer
1 Schalotte
100 ml Kokosmilch
½ Knoblauchzehe, zerdrückt
1 Messerspitze Paprikapulver
oder Piment d'Espelette
Salz und frisch gemahlener
Pfeffer
1–2 Limetten
2 Bananenblätter

Fischfilet, Krebsfleisch, Garnelen (4 Garnelen zum Dekorieren zurückbehalten), Koriandergrün, Ingwer und Schalotte klein schneiden und zusammen mit der Kokosmilch und dem Knoblauch 1–2 Minuten im Mixer pürieren (die Masse sollte weder zu flüssig noch zu fest sein). Mit Paprika, Salz und Pfeffer würzen und mit etwas Limettensaft und gegebenenfalls noch 1–2 Prisen mildem Paprika abschmecken.

Die Bananenblätter waschen, trocknen und vier Quadrate mit 20–30 Zentimeter Seitenlänge daraus zurechtschneiden. Jeweils 2–3 Esslöffel der Fischmasse daraufgeben und zu Frikadellen formen. Die Blätter zu Päckchen verschließen und mit Küchengarn zubinden oder mit Zahnstochern feststecken.

Die Päckchen in einen Bambusdämpftopf, einen elektrischen Dampfgarer oder eine Silikonform mit Deckel legen.

Wasser in einem großen Topf (er muss den gleichen Durchmesser wie der Korb haben) zum Kochen bringen, den Korb daraufsetzen und die Fischfrikadellen 10–12 Minuten garen. Mit je 1 Limettenspalte und 1 Tiefseegarnele garniert servieren.

KALBSRAGOUT IM NU

Für 4 Personen
Vorbereitungszeit: 15 Minuten
Garzeit: 12–15 Minuten

500 g Kalbsnuss oder Kalbs-
schnitzel
1 Karotte
20 g Butter
1 Schalotte
1 TL Instant-Kalbsfond
½ TL Maisstärke
150 ml trockener Weißwein
3 gehäufte EL Crème double
2 Prisen Muskat
2 EL Rosinen
Sel de Guérande
Frisch gemahlener Pfeffer
150 g Champignons
Olivenöl
Kerbel

Den Backofen auf 210 °C vorheizen. Das Fleisch in Würfel oder Streifen schneiden. Die Karotte waschen, schaben und in relativ dünne Scheiben schneiden.

Die Butter bei geringer Hitze in einer kleinen Kasserolle zerlassen und die Schalotte goldgelb anschwitzen. Die Karottenscheiben und den Kalbsfond hinzufügen. Die Maisstärke mit 1 Esslöffel kaltem Wasser anrühren.

Das Gemüse mit dem Weißwein ablöschen und die Maisstärke einrühren. Sobald die Sauce eingedickt ist, Crème double, Muskat und Rosinen hinzufügen. Mit Salz und Pfeffer würzen und die Sauce 2 Minuten köcheln lassen. Die erdigen Stielenden der Champignons entfernen, die Pilze mit einem feuchten Tuch abreiben und klein schneiden.

Acht Rechtecke aus Pergamentpapier zurechtschneiden. Jeweils zwei Rechtecke aufeinanderlegen und die oberen mit Olivenöl bepinseln. Die Champignons und das Fleisch darauf verteilen, mit der Sauce überziehen und das Papier hermetisch zu Päckchen verschließen.

Die Päckchen auf ein Backblech legen, das Ragout 12–15 Minuten im Backofen garen und sofort mit Kerbel bestreut servieren.

THAILÄNDISCHES HÄHNCHEN *(Rezept Seite 108)*

HÄHNCHEN IN KOKOSSAUCE *(Rezept Seite 108)*

THAILÄNDISCHES HÄHNCHEN
(Foto Seite 106)

Für 4 Personen
Vorbereitungszeit: 10 Minuten
Marinierzeit: 30 Minuten
Garzeit: 20 Minuten

400 g Hähnchenbrustfilet
1 EL Sesamöl
4 Stängel Thai-Basilikum, die
Blätter fein geschnitten
1 EL Sojasauce
1 EL Mirin (süßer japanischer
Reiswein) oder Weißwein
1 kleine Chilischote, fein geschnitten
200 g Zuckerschoten

Den Backofen auf 210 °C vorheizen. Die Hähnchenbrust in 4–5 Zentimeter lange Streifen schneiden. Mit dem Sesamöl beträufeln, Basilikum, Sojasauce, Mirin und Chili dazugeben, gut umrühren und das Fleisch 30 Minuten im Kühlschrank marinieren lassen.

Aus Pergamentpapier vier 20 × 30 Zentimeter große Rechtecke zurechtschneiden. Die Hähnchenstreifen mit je 1 Handvoll Zuckerschoten gleichmäßig darauf verteilen.

Das Papier hermetisch zu Beuteln oder Päckchen verschließen und das Hähnchen etwa 20 Minuten im Backofen garen. Mit frischen Thai-Basilikumblättern garnieren und mit Reis und Sojasprossen servieren.

HÄHNCHEN IN KOKOSSAUCE
(Foto Seite 106)

Für 4 Personen
Vorbereitungszeit: 20 Minuten
Garzeit: 15–20 Minuten

3 Hähnchenbrüste
1 Zwiebel
1 Knoblauchzehe
1 EL Olivenöl
1 TL gehacktes Zitronengras
250 ml Kokosmilch
2 Limetten
1 TL Nuoc Mam (vietnamesische
Fischsauce)
1 TL gemahlener Ingwer
Fleur de Sel und frisch
gemahlener Pfeffer
5 Stängel Thai-Basilikum

Den Backofen auf 210 °C vorheizen. Zwiebel und Knoblauch fein schneiden. Die Hähnchenbrust in große Würfel oder in Streifen schneiden.

Die Zwiebel im Olivenöl anschwitzen. Den Knoblauch und das Zitronengras hinzufügen und 2 Minuten anschwitzen. 250 Milliliter Kokosmilch, den Saft von ½ Limette und das Nuoc Mam dazugeben und das Ganze 3 Minuten einkochen lassen.

Die Sauce auf vier Silikonformen mit Deckel oder vier Pergamentpapierquadrate verteilen und das Fleisch dazugeben. Mit der restlichen Kokosmilch begießen, mit Ingwer bestreuen und mit Fleur de Sel und Pfeffer würzen.

Das Papier hermetisch zu Päckchen verschließen und das Frikassee 10–15 Minuten im Backofen garen. Mit Thai-Basilikum garnieren und mit Limettenschnitzen servieren.

ZITRONENHÄHNCHEN MIT HONIG

Für 4 Personen
Vorbereitungszeit: 10 Minuten
Marinierzeit: 15 Minuten
Garzeit: 15 Minuten

400 g Hähnchenbrust, in schmale
Streifen geschnitten
Saft und abgeriebene Schale
von 1 unbehandelten Zitrone
+ einige Zitronenscheiben zum
Servieren
2 EL flüssiger Honig
Salz und Pfeffer
1–2 Prisen Paprikapulver edelsüß
Olivenöl
2 Stängel frisches Koriandergrün
2 EL süße Chilisauce

Den Backofen auf 220 °C vorheizen. Den Zitronensaft mit dem Honig verrühren und großzügig mit Salz und Pfeffer würzen. Den Paprika hinzufügen, das Fleisch einlegen und 15 Minuten im Kühlschrank marinieren lassen.

Aus Pergamentpapier acht Rechtecke zurechtschneiden. Jeweils 2 Rechtecke aufeinanderlegen und die oberen mit Olivenöl bepinseln. Die Fleischstreifen mit der Marinade daraufgeben und mit etwas Zitronenschale bestreuen.

Das Papier hermetisch zu Päckchen verschließen und das Fleisch 15 Minuten im Backofen garen. Mit Korianderzweiglein garnieren und mit Zitronenscheiben und süßer Chilisauce servieren.

ZITRONENHÄHNCHEN MIT HONIG

LAMMCURRY FÜR EILIGE

Für 4 Personen
Vorbereitungszeit: 15 Minuten
Garzeit: 7–8 Minuten

600 g Lammkeule oder -filet
2 EL Currypulver oder -paste
250 ml Kokosmilch
4 EL Olivenöl
1 TL gemahlener Ingwer
1–2 Knoblauchzehen, gepresst
Salz und Pfeffer
4 Stängel frisches Koriandergrün
6 Stängel frische Minze

Den Backofen auf 180 °C vorheizen. Das Lamm in etwa 2 Zentimeter große Würfel oder in Streifen schneiden. In einer Schüssel das Currypulver mit Kokosmilch, Olivenöl, Ingwer und Knoblauch verrühren. Das Fleisch darin wenden, bis es vollständig mit der Marinade überzogen ist.

Vier 20 × 30 Zentimeter große Rechtecke aus Pergamentpapier zurechtschneiden und mit Olivenöl bepinseln. Das Fleisch in der Mitte der Rechtecke verteilen und mit Salz und Pfeffer würzen. Das Papier hermetisch zu Päckchen verschließen, auf ein Backblech legen und das Lamm 7–8 Minuten im Backofen garen.

Die Päckchen vor dem Servieren öffnen und das Curry mit den gehackten Kräutern bestreuen. Mit Basmatireis servieren oder mit Cocktailspießen zum Aperitif reichen.

LAMM-TAJINE MIT BACKPFLAUMEN & SÜSSKARTOFFEL

Für 4 Personen
Vorbereitungszeit: 15 Minuten
Garzeit: 20 Minuten

400 g Lammrücken
1 Knoblauchzehe
½ Zwiebel
200 g Backpflaumen
150 g getrocknete Aprikosen
Olivenöl
1 TL Kreuzkümmel oder
Ras-el-Hanout (marokkanische
Gewürzmischung)
250 ml Gemüsebrühe
1 Süßkartoffel
50 g Sultaninen
3 EL flüssiger Honig
100 g Mandeln, geschält

Den Backofen auf 200 °C vorheizen. Das Lamm in gleich große Würfel schneiden. Knoblauch und Zwiebel fein hacken. Backpflaumen und Aprikosen fein würfeln.

Etwas Olivenöl in einer Sauteuse erhitzen. Knoblauch und Zwiebel darin anschwitzen. Das Fleisch mit dem Ras-el-Hanout dazugeben und 3–4 Minuten anbraten. Die Gemüsebrühe angießen, die in kleine Würfel geschnittene Süßkartoffel hinzufügen und das Ganze 1–2 Minuten kochen lassen.

Vier Quadrate aus Pergamentpapier zurechtschneiden und mit Olivenöl bepinseln. Die Lamm-Kartoffelmischung in der Mitte der Quadrate verteilen. Backpflaumen, Aprikosen und Sultaninen dazugeben, mit Honig beträufeln und ein paar Mandeln darüberstreuen. Das Papier hermetisch zu Beuteln verschließen, mit Küchengarn zubinden, auf ein Backblech setzen und die Tajine 10–15 Minuten im Backofen garen.

Die Beutel unmittelbar vor dem Servieren öffnen und die Tajine mit den restlichen Mandeln bestreuen. Mit Bulgur oder Quinoa servieren.

Tipp: Die Schale der Mandeln lässt sich mühelos abziehen, wenn man die Nüsse kurz in kochendes Wasser legt.

KANINCHEN IN SENFCREME

Für 4 Personen
Vorbereitungszeit: 15 Minuten
Garzeit: 12–15 Minuten

600 g Kaninchenrücken, in
Stücke zerteilt
100 g Champignons
2 EL Englischer Senf, Honigsenf
oder grobkörniger Senf
2 EL Crème double
2 Prisen Muskat
Fleur de Sel und bunter Pfeffer
Olivenöl
4–8 Scheiben Ossau-Iraty
oder anderer Schnittkäse aus
Schafsmilch

Den Backofen auf 180 °C vorheizen. Die erdigen Stielenden der Champignons abschneiden. Die Pilze mit einem feuchten Tuch abreiben und klein schneiden. Das Fleisch in einer Schüssel mit Senf und Creme double vermengen und mit Muskat, Fleur de Sel und Pfeffer würzen.

Aus Pergamentpapier acht Rechtecke zurechtschneiden. Jeweils zwei Rechtecke aufeinanderlegen und die oberen mit Olivenöl bepinseln. Das Fleisch darauf verteilen und mit der Senfcreme überziehen. Gegebenenfalls mit Fleur de Sel und Pfeffer nachwürzen, dann mit 1–2 Scheiben Käse belegen.

Das Papier hermetisch zu Päckchen verschließen, auf ein Backblech legen und das Kaninchen 12–15 Minuten im Backofen garen.

ENTE À L'ORANGE – BLITZSCHNELL

Für 4 Personen
Vorbereitungszeit: 5 Minuten
Marinierzeit: 15 Minuten
Garzeit: 10 Minuten

600 g Entenbrustfilet
Saft und Zeste von 1 unbehandelten Orange
1 EL Farinzucker
2 EL Olivenöl
Salz und Pfeffer
1–2 Prisen Paprikapulver
4 EL flüssiger Honig
4 Stängel frisches Koriandergrün
(nach Belieben)

Den Backofen auf 210 °C vorheizen. Die Entenbrust in schmale Streifen schneiden und die Streifen anschließend halbieren. In einer Schüssel den Orangensaft mit Zucker, Olivenöl, Salz, Pfeffer, Paprika und Honig verrühren. Das Fleisch in die Marinade legen und 15 Minuten im Kühlschrank ruhen lassen.

Aus Pergamentpapier acht Rechtecke zurechtschneiden. Jeweils zwei Rechtecke aufeinanderlegen und die oberen mit Olivenöl bepinseln. Einige Entenbruststücke auf jedes Rechteck legen, mit etwas Marinade begießen und gegebenenfalls mit Salz und Pfeffer nachwürzen.

Das Papier hermetisch zu Päckchen verschließen und das Fleisch etwa 10 Minuten im Backofen garen. Vor dem Servieren nach Belieben mit je 1 Stängel Koriandergrün garnieren und mit der fein geschnittenen Orangenzeste bestreuen.

EIER IM TÖPFCHEN

Für 4 Personen
Vorbereitungszeit: 5–10 Minuten
Garzeit: 12 Minuten

Den Backofen auf 210 °C vorheizen. Vier Quadrate oder Kreise (25–30 Zentimeter Seitenlänge bzw. Durchmesser) aus Pergamentpapier zurechtschneiden. Die Seiten hochschlagen, sodass ein „Töpfchen" entsteht, und das Papier etwas zusammenknüllen. Über jedem Töpfchen 1 Ei aufschlagen, die gewünschten Zutaten dazugeben und mit Salz und Pfeffer würzen.

Das Papier mit Küchengarn zubinden und die Eier 12 Minuten im Backofen garen. Mit in Streifen geschnittenem Vollkornbrot servieren.

Auf dieselbe Weise werden auch die folgenden Varianten zubereitet:

... MIT TÊTE DE MOINE
4 große, ganz frische Eier
50 g Bacon, Räucherlachs oder geräucherter
Schellfisch, gegrillt
100 g Tête de Moine (Schweizer Halbhartkäse),
in Späne gehobelt
Fleur de Sel de Guérande und bunter Pfeffer

... MIT GÉSIERS CONFITS
4 große, ganz frische Eier
50 g Gésiers confits (im eigenen Schmalz eingemachte
Geflügelmägen)
100 g Crème double
20 g Parmesan, gerieben
Fleur de Sel de Guérande und bunter Pfeffer

... MIT MANCHEGO & GERÄUCHERTER ENTENBRUST
4 große, ganz frische Eier
50 g geräucherte Entenbrust in dünnen Scheiben
100 g Manchego (spanischer Schnittkäse aus Schafsmilch),
in Späne gehobelt
Fleur de Sel de Guérande und bunter Pfeffer

... MIT RÄUCHERSPECK, HÜTTENKÄSE & SCHNITTLAUCH
4 große, ganz frische Eier
50 g durchwachsener Räucherspeck, in Streifen geschnitten
100 g Hüttenkäse, alternativ auch Fourme d'Ambert
oder Gorgonzola
½ Bund Schnittlauch, in Röllchen geschnitten
Fleur de Sel de Guérande und bunter Pfeffer

einfach knackig

gemüse

Wer kennt das nicht: Manchmal hat man einfach keine Lust zum Gemüsekochen. Es muss geputzt werden, man muss sich überlegen, wie man es zubereiten könnte, man muss sich gedulden, bis es gar ist ... Wenn Sie es aber in der Papierhülle garen, sparen Sie Zeit – und Arbeit, denn dafür eignet sich sogar tiefgekühltes Gemüse. Hier einige Rezepte und Anregungen, die Ihnen zeigen, wie sich mit wenigen Zutaten köstliche und abwechslungsreiche Gemüsegerichte zaubern lassen.

KAROTTEN MIT KREUZKÜMMEL

Für 4 Personen
Vorbereitungszeit: 15 Minuten
Garzeit: 20 Minuten

400 g Karotten
1 Messerspitze grobes Meersalz
Olivenöl
1 TL gemahlener Kreuzkümmel
4 Stängel frisches Koriandergrün,
Blätter abgezupft
Fleur de Sel und bunter Pfeffer
100 ml Gemüsebrühe

Den Backofen auf 210 °C vorheizen. Die Karotten waschen und schaben. In einem großen Topf reichlich Wasser mit 1 Messerspitze grobem Meersalz zum Kochen bringen und die Karotten 5 Minuten darin blanchieren. Abgießen, einige Minuten unter fließendem kaltem Wasser abschrecken und schräg in Scheiben schneiden.

Aus Pergamentpapier 4 Quadrate mit 25 Zentimeter Seitenlänge zurechtschneiden und mit Olivenöl bepinseln. 2–3 Esslöffel Karotten auf jedes Quadrat geben und mit Kreuzkümmel und Korianderblättern bestreuen. Mit Salz und Pfeffer würzen und 1 Esslöffel Gemüsebrühe darübergießen.

Das Papier hermetisch zu Beuteln verschließen und mit Küchengarn zubinden. In eine ofenfeste Form oder auf ein Backblech setzen und die Karotten 15 Minuten im Backofen garen. Wer seine Karotten lieber weicher mag, kann die Garzeit um 3–5 Minuten verlängern.

AUBERGINE MIT TOMATE & SCAMORZA

Für 4 Personen
Vorbereitungszeit: 15 Minuten
Marinierzeit: 15 Minuten
Garzeit: 15–20 Minuten

1 Aubergine
Salz
2 EL Olivenöl
1 Prise Paprikapulver edelsüß
1 Prise gemahlener Kreuzkümmel
4 Stängel Basilikum, die Blätter
abgezupft
2 große Tomaten
1 Scamorza (geräucherter
Mozzarella)
Sel de Guérande und frisch
gemahlener Pfeffer

Den Backofen auf 210 °C vorheizen. Die Aubergine in 0,5 Zentimeter dicke Scheiben schneiden, in ein Sieb legen, mit Salz bestreuen und über der Spüle Wasser ziehen lassen.

Die Auberginenscheiben anschließend in einem tiefen Teller mit dem Olivenöl, den Gewürzen und dem gehackten Basilikum mischen und mindestens 15 Minuten im Kühlschrank marinieren lassen.

Die Tomaten und den Käse ebenfalls in 0,5 Zentimeter dicke Scheiben schneiden. Aus Pergamentpapier vier 20 × 15 Zentimeter große Rechtecke zurechtschneiden. Jeweils 1 Auberginenscheibe darauflegen und darauf 1 Tomaten- und 1 Käsescheibe. Die Scheiben jeweils mit etwas Olivenöl beträufeln. Mit Sel de Guérande und Pfeffer würzen und mit 1 Basilikumblatt garnieren.

Das Papier hermetisch zu Päckchen verschließen, auf ein Backblech legen und die Auberginen 15–20 Minuten im Backofen garen.

ERBSEN MIT MINZE & BROUSSE *(Rezept Seite 128)*

GRÜNE BOHNEN MIT ORANGE (Rezept Seite 128)

ERBSEN MIT MINZE & BROUSSE

(Foto Seite 126)

Für 4 Personen
Vorbereitungszeit: 5 Minuten
Garzeit: 10 Minuten

400 g tiefgekühlte Erbsen,
aufgetaut
Olivenöl
1 Bund Minze
200 g Brousse (französischer
Frischkäse aus Schafs- oder
Ziegenmilch)
Chorizo (nach Belieben)
Salz und Pfeffer

Den Backofen auf 180 °C vorheizen. Aus Pergamentpapier vier Quadrate mit 25−30 Zentimeter Seitenlänge zurechtschneiden und mit Olivenöl bepinseln. Die Minze sehr fein schneiden.

Je 100 Gramm Erbsen, den zerkrümelten Käse und nach Belieben etwas fein gewürfelte Chorizo verteilen. Die Minze darüberstreuen und großzügig mit Salz und Pfeffer würzen.

Das Papier hermetisch zu Beuteln verschließen, mit Küchengarn zubinden und die Erbsen 10 Minuten im Backofen garen.

GRÜNE BOHNEN MIT ORANGE

(Foto Seite 126)

Für 4 Personen
Vorbereitungszeit: 5 Minuten
Garzeit: 15−20 Minuten

1 kg grüne Bohnen
1 unbehandelte Orange
2 TL Fleur de Sel
Frisch gemahlener Pfeffer
100 ml Olivenöl extra vergine

Den Backofen auf 180 °C vorheizen. Die Bohnen waschen, gegebenenfalls abfädeln und halbieren. Die Orange mit einem Zestenreißer sehr dünn abschälen oder die Schale dünn abreiben. Die Frucht anschließend auspressen.

Vier Quadrate aus Pergamentpapier zurechtschneiden und die Bohnen darauf verteilen. Mit dem Orangensaft übergießen, die Zeste darüberstreuen und mit Fleur de Sel und Pfeffer würzen.

Das Papier hermetisch zu Beuteln verschließen und die Bohnen 15−20 Minuten im Backofen garen. Das Papier vor dem Servieren öffnen und die Bohnen mit dem Olivenöl beträufeln.

BROKKOLI MIT KNOBLAUCH & SOJASAUCE

Für 4 Personen
Vorbereitungszeit: 15 Minuten
Marinierzeit: 30 Minuten
Garzeit: 8−10 Minuten

1 Brokkoli
2 Knoblauchzehen
200 ml Olivenöl extra vergine
2 EL süße Sojasauce (oder
2 EL Sojasauce + 2 TL Zucker)
1 EL Sake (nach Belieben)

Den Backofen auf 180 °C vorheizen. Den Knoblauch schälen und durch die Knoblauchpresse drücken oder mit dem Messer sehr fein hacken. In einer großen Schüssel mit dem Olivenöl verrühren. Sojasauce und Sake (ersatzweise 1 Esslöffel Wasser) hinzufügen. Den Brokkoli in kleine Röschen zerteilen, mit der Sauce verrühren und 30 Minuten im Kühlschrank marinieren lassen.

Vier Quadrate aus Pergamentpapier zurechtschneiden und den Brokkoli mit etwas Marinade darauf verteilen.

Das Papier hermetisch zu Beuteln verschließen, mit Küchengarn zubinden und den Brokkoli, je nachdem, wie viel „Biss" er haben soll, 8−10 Minuten im Backofen garen.

BROKKOLI MIT KNOBLAUCH & SOJASAUCE

KÜRBIS-BURGER MIT RICOTTA & SCHAFSKÄSE

Für 4 Personen
Vorbereitungszeit: 15 Minuten
Garzeit: 25 Minuten

½ Hokkaidokürbis (etwa 600 g)
200 g Schafskäse
Olivenöl
150 g Ricotta
Fleur de Sel und bunter Pfeffer

Den Backofen auf 180 °C vorheizen. Den Kürbis längs halbieren, entkernen und in dünne Scheiben schneiden. Den Schafskäse in Späne hobeln.

Vier passende Rechtecke aus Pergamentpapier zurechtschneiden und mit Olivenöl bepinseln. Auf jedes Rechteck 1 Kürbisscheibe legen, mit 1 Esslöffel Ricotta bestreichen und mit Pfeffer und Fleur de Sel würzen. Eine zweite Kürbisscheibe auflegen und mit dem Schafskäse bestreuen. Den Vorgang noch einmal wiederholen und den Burger zum Schluss mit Pfeffer bestreuen.

Das Papier hermetisch zu Päckchen verschließen und die Burger etwa 25 Minuten im Backofen garen, bis der Kürbis sehr weich ist.

BUNTES MINI-GEMÜSE

Für 4 Personen
Vorbereitungszeit: 10 Minuten
Garzeit: 25 Minuten

4 kleine Karotten
4 Mini-Paprikaschoten
8 kleine Stangen grüner Spargel
4 kleine Weiße Rübchen
2 Mini-Blumenkohlköpfe oder
8 Blumenkohlröschen
4 Mini-Zucchini
4 Mini-Auberginen
1 Rispe Kirschtomaten
Fleur de Sel und bunter Pfeffer
1 Messerspitze Kreuzkümmelsamen
100 ml Olivenöl
50 ml alter Balsamicoessig
oder helle Sojasauce (nach
Belieben)

Den Backofen auf 180 °C vorheizen. Einen großen Bogen Pergamentpapier zurechtschneiden.

Das Gemüse waschen und – bis auf die Tomaten – der Länge nach halbieren. Auf dem Papier verteilen und die Tomatenrispe zum Schluss darauflegen. Mit Fleur de Sel, Pfeffer und Kreuzkümmel bestreuen, mit dem Olivenöl begießen und mit etwas Wasser, Balsamicoessig oder Sojasauce beträufeln.

Das Papier hermetisch zu einem Päckchen verschließen und das Gemüse 25 Minuten im Backofen garen.

MAISKOLBEN MIT SALBEIBUTTER

Für 4 Personen
Vorbereitungszeit: 15 Minuten
Garzeit: 15–20 Minuten

4 junge Maiskolben, Strunk und
Blätter abgetrennt
60 g leicht gesalzene Butter
½ Bund Salbei
1 Messerspitze grobes Meersalz
Olivenöl
Fleur de Sel und frisch gemahlener Pfeffer

Den Backofen auf 230 °C vorheizen. Die Butter aus dem Kühlschrank nehmen und weich werden lassen. In einem großen Topf reichlich Wasser mit dem groben Meersalz zum Kochen bringen. Die Maiskolben darin 5 Minuten blanchieren und danach unter fließendem kaltem Wasser abschrecken.

Den Salbei sehr fein schneiden und mit einer Gabel mit der weichen Butter vermengen.

Aus Pergamentpapier vier passende Rechtecke mit Randzugabe zurechtschneiden und mit Olivenöl bepinseln. Auf jedes Rechteck 1 Maiskolben legen, 1 Stück (etwa 1 Esslöffel) Salbeibutter daraufgeben und mit Fleur de Sel und Pfeffer würzen.

Das Papier hermetisch zu Päckchen verschließen und die Maiskolben 10–15 Minuten im Backofen garen. Passt hervorragend zu Fleischgerichten.

KNACKIGES GEMÜSE

Für 4 Personen
Vorbereitungszeit: 15 Minuten
Garzeit: 10–15 Minuten

Passt zu all Ihren Lieblingsgerichten!

BUNTE GEMÜSEWÜRFEL

4 kleine Karotten
3 Zucchini
1 Aubergine
2 Weiße Rübchen
100 ml Olivenöl
2 Messerspitzen Kräuter der Provence
Fleur de Sel und bunter Pfeffer

Den Backofen auf 150 °C vorheizen. Das Gemüse in gleichmäßige kleine Würfel schneiden. Aus Pergamentpapier vier Quadrate zurechtschneiden und mit Olivenöl bepinseln. Das Gemüse darauf verteilen, mit Olivenöl beträufeln, mit den Provencekräutern bestreuen und mit Fleur de Sel und Pfeffer würzen. Das Papier hermetisch zu Päckchen verschließen und das Gemüse 10 Minuten im Backofen garen.

ROTE BETE MIT KREUZKÜMMEL

2 Rote Beten
50 ml Olivenöl
1 EL Sesamöl
4 Messerspitzen Kreuzkümmelsamen
Fleur de Sel und bunter Pfeffer

Den Backofen auf 150 °C vorheizen. Die Roten Beten schälen und in nicht zu breite Stifte schneiden. Aus Pergamentpapier vier Quadrate zurechtschneiden und mit Olivenöl bepinseln. Das Gemüse darauf verteilen, mit Oliven- und Sesamöl beträufeln, mit Kreuzkümmel bestreuen und mit Fleur de Sel und Pfeffer würzen. Das Papier hermetisch zu Päckchen verschließen und das Gemüse 10 Minuten im Backofen garen.

GEMÜSE-JULIENNE

2 Zucchini
2 Karotten
2 Weiße Rübchen
1 Knollensellerie
100 ml Olivenöl
2 Messerspitzen Kräuter der Provence
Fleur de Sel und bunter Pfeffer

Den Backofen auf 150 °C vorheizen. Das Gemüse in regelmäßige, gleich lange Julienne-Streifen schneiden. Aus Pergamentpapier vier Quadrate zurechtschneiden und mit Olivenöl bepinseln. Das Gemüse darauf verteilen, mit Olivenöl beträufeln, mit den Provencekräutern bestreuen und mit Fleur de Sel und Pfeffer würzen. Das Papier hermetisch zu Päckchen verschließen und das Gemüse 10 Minuten im Backofen garen.

ROMANESCO-RÖSCHEN

1 Romanesco
500 ml Olivenöl extra vergine
Fleur de Sel und frisch gemahlener Pfeffer

Den Backofen auf 150 °C vorheizen. Den Romanesco waschen und in kleine Röschen zerteilen. Aus Pergamentpapier vier Quadrate zurechtschneiden und mit Olivenöl bepinseln. Die Röschen darauf verteilen, mit Olivenöl beträufeln und mit Fleur de Sel und Pfeffer würzen. Das Papier hermetisch zu Päckchen verschließen und das Gemüse 15 Minuten im Backofen garen.

GRÜNER SPARGEL MIT GARNELEN

Für 4 Personen
Vorbereitungszeit: 10 Minuten
Garzeit: 8 Minuten

12 Stangen grüner Spargel
12 Tiefseegarnelen, geschält und
gekocht
Olivenöl
1 Prise Piment d'Espelette
(oder anderer mittelscharfer
Paprika)
1–2 Knoblauchzehen, gepresst
1 EL Sojasauce
Grobes Meersalz
1 kleine Stange Lauch oder
2 Frühlingszwiebeln
4 EL trockener Weißwein
Fleur de Sel und frisch gemahlener Pfeffer
2 Stängel Schnittlauch, in
Röllchen geschnitten

Den Backofen auf 210 °C vorheizen. Etwas Olivenöl mit Piment d'Espelette, Knoblauch und Sojasauce verrühren und die Garnelen darin marinieren lassen.

In der Zwischenzeit die Enden der Spargelstangen abschneiden. 500 Milliliter Wasser mit etwas grobem Meersalz zum Kochen bringen, den Spargel darin 4 Minuten blanchieren und abtropfen lassen. Den Lauch in feine Ringe schneiden.

Vier 20 × 15 Zentimeter große Rechtecke aus Pergamentpapier zurechtschneiden und mit Olivenöl bepinseln. Die Lauchröllchen, je 3 Spargelstangen und 3 Garnelen darauf verteilen. Mit je 1 Esslöffel Weißwein beträufeln, mit Salz und Pfeffer würzen und mit den Schnittlauchröllchen bestreuen.

Das Papier hermetisch zu Päckchen verschließen und den Spargel 8 Minuten im Backofen garen.

COCKTAILTOMATEN
MIT BROCCIU & PISTAZIEN

Für 4 Personen
Vorbereitungszeit: 10 Minuten
Garzeit: 10 Minuten

5 Stängel Basilikum
400 g Cocktailtomaten
150 g Brocciu (korsischer
Frischkäse aus Schafs- oder
Ziegenmilch)
2 EL Olivenöl
Sel de Guérande und bunter
Pfeffer
4 TL Farinzucker
2 EL geschälte Pistazien
Rucola

Den Backofen auf 210 °C vorheizen. Das Basilikum über einem Glas mit der Schere fein schneiden. Die Tomaten halbieren.

Den Brocciu mit Olivenöl und Basilikum verrühren und nach Belieben mit Sel de Guérande und Pfeffer abschmecken.

Vier Quadrate mit 20 Zentimeter Seitenlänge aus Pergamentpapier zurechtschneiden und mit Olivenöl bepinseln. Die Tomaten rosettenförmig in der Mitte der Quadrate anrichten, jeweils mit 1 Teelöffel Zucker, den Pistazien und Basilikumstreifen bestreuen und das Papier hermetisch zu Beuteln verschließen.

Auf ein Backblech setzen und die Tomaten 10 Minuten im Backofen garen. Vor dem Servieren mit Rucola garnieren und geröstetes Vollkornbrot dazu reichen.

Tipp: Der Brocciu kann auch durch Ricotta, Brousse oder Ziegenfrischkäse ersetzt werden.

BUNTES PAPRIKAGEMÜSE MIT RÄUCHERSPECK

Für 4 Personen
Vorbereitungszeit: 15 Minuten
Garzeit: 15 Minuten

2 rote Paprikaschoten
2 grüne Paprikaschoten
2 gelbe Paprikaschoten
1 große milde Zwiebel
150 g durchwachsener
Räucherspeck, in feine Streifen
geschnitten
4 Prisen Piment d'Espelette
(oder anderer mittelscharfer
Paprika)
Salz und Pfeffer
Olivenöl

Den Backofen auf 210 °C vorheizen. Die Paprikaschoten in Streifen schneiden und die Kerne und das weiße Fruchtfleisch entfernen. Die Zwiebel schälen und grob hacken.

Vier Quadrate mit 20–30 Zentimeter Seitenlänge aus Pergamentpapier zurechtschneiden. Paprikastreifen, Zwiebel und Speck darauf verteilen, mit Piment d'Espelette, Salz und Pfeffer würzen und mit etwas Olivenöl beträufeln.

Das Papier hermetisch zu Beuteln verschließen, mit Küchengarn zubinden und das Gemüse 15 Minuten im Backofen garen.

Sofort mit Crackern oder als Beilage zu Fleisch oder Fisch servieren.

KARTOFFELN & CO.

Für 4 Personen
Vorbereitungszeit: 10 Minuten
Garzeit: 25–30 Minuten

In der Papierhülle gegart, werden Ihre Kartoffeln im Handumdrehen butterzart. Die ideale Beilage zu Fischgerichten.

... MIT HERING & CRÈME DOUBLE

400 g Kartoffeln (Sorte La Ratte)
2 geräucherte Heringsfilets
200 g Crème double
1 Knoblauchzehe, gepresst
4 Stängel Kerbel, fein geschnitten
Saft und abgeriebene Schale von
1 unbehandelten Limette
Fleur de Sel und bunter Pfeffer
Olivenöl

Den Backofen auf 210 °C vorheizen. Die Heringsfilets in 1 Zentimeter große Würfel schneiden. Die Crème double in einer großen Schüssel mit Knoblauch, Kerbel und den Heringsstücken verrühren. 1–2 Messerspitzen Limettenschale hinzufügen und mit Fleur de Sel und Pfeffer abschmecken. Die Kartoffeln waschen, abbürsten und der Länge nach einschneiden, aber nicht durchschneiden.

Vier Rechtecke aus Pergamentpapier zurechtschneiden und mit Olivenöl bepinseln. Auf jedes Rechteck 4 Kartoffeln legen, 1 großen Löffel Heringscreme daraufgeben und mit etwas Limettensaft beträufeln. Das Papier hermetisch zu Beuteln verschließen und die Kartoffeln 25–30 Minuten im Backofen garen. Sofort mit Limettenspalten servieren.

... MIT MOZZARELLA, KOCHSCHINKEN & BASILIKUM

300 g Kartoffeln (vorwiegend festkochend, z. B. Sorte Œil de Perdrix)
50 g kleine Büffelmozzarellakugeln
4 Stängel Basilikum
Olivenöl
4 kleine, dünne Scheiben Kochschinken
Fleur de Sel und bunter Pfeffer

Den Backofen auf 210 °C vorheizen. Die Kartoffeln waschen, abbürsten und der Länge nach einschneiden, aber nicht durchschneiden.

Vier Rechtecke aus Pergamentpapier zurechtschneiden und mit Olivenöl bepinseln. 2–3 Kartoffeln auf jedes Rechteck legen. 1–2 Mozzarellakugeln und 1 in Streifen geschnittene Schinkenscheibe dazugeben, das fein geschnittene Basilikum darüberstreuen und mit Fleur de Sel und Pfeffer würzen. Das Papier hermetisch zu Beuteln verschließen und die Kartoffeln 25 Minuten im Backofen garen.

VITELOTTES MIT MIMOLETTE

300 g französische Trüffelkartoffeln (Vitelottes)
50 g junger Mimolette (französischer Kuhmilch-Hartkäse)
40 g leicht gesalzene Butter
Olivenöl
4 Stängel Kerbel
Fleur de Sel und bunter Pfeffer

Den Backofen auf 210 °C vorheizen. Käse und Butter grob würfeln. Die Kartoffeln waschen, abbürsten und der Länge nach einschneiden.

Vier Rechtecke aus Pergamentpapier zurechtschneiden und mit Olivenöl bepinseln. 3–4 Kartoffeln auf jedes Papier legen. Die Käse- und Butterwürfel darauf verteilen, mit Kerbel bestreuen und mit Fleur de Sel und Pfeffer würzen. Das Papier hermetisch zu Päckchen oder Beuteln verschließen und die Kartoffeln 25 Minuten im Backofen garen.

ROTE KARTOFFELN MIT BRESAOLA

300 g Roseval-Kartoffeln (rotschalige französische Kartoffelsorte)
200 g Crème double
3 rosa Knoblauchzehen, gepresst
4 Stängel Kerbel
Fleur de Sel und bunter Pfeffer
Olivenöl
8 Scheiben Bresaola (luftgetrockneter italienischer Schinken) oder Bündnerfleisch

Den Backofen auf 210 °C vorheizen. Die Crème double in einer großen Schüssel mit dem Knoblauch und dem fein geschnittenen Kerbel verrühren und mit Fleur de Sel und Pfeffer würzen. Die Kartoffeln waschen, abbürsten und der Länge nach einschneiden, aber nicht durchschneiden.

Vier Rechtecke aus Pergamentpapier zurechtschneiden und mit Olivenöl bepinseln. Je 5 Kartoffeln auf jedes Papier legen und mit 1 großen Löffel Crème double garnieren. Das Papier hermetisch zu Beuteln verschließen und die Kartoffeln 25–30 Minuten im Backofen garen. Sofort mit Bresaola servieren.

WURZELGEMÜSE AUS GROSSMUTTERS ZEIT MIT TRÜFFELÖL

Für 4 Personen
Vorbereitungszeit: 15 Minuten
Garzeit: 25 Minuten

2 Pastinaken
4 Topinamburs
2 violette Karotten
½ Jamswurzel
½ Steckrübe
6–8 blaue Kartoffeln
2 Süßkartoffeln
1 EL Farinzucker
100 ml Olivenöl
50 ml weißes Trüffelöl
Fleur de Sel und bunter Pfeffer

Den Backofen auf 210 °C vorheizen. Das Gemüse schälen und in Scheiben, Stifte oder Würfel schneiden.

Das ganze Gemüse auf einem großen Bogen Pergamentpapier verteilen und mit dem Zucker bestreuen. Mit Oliven- und Trüffelöl beträufeln und mit Fleur de Sel und Pfeffer würzen.

Das Papier hermetisch zu einem Päckchen verschließen, auf ein Backblech legen und das Gemüse 25 Minuten im Backofen garen.

zum aperitif

Auch kleine Häppchen wie Mini-Spieße, gefüllte Teigtaschen oder Fleischklößchen lassen sich im Handumdrehen in der Papierhülle zubereiten. Eine Entdeckung wert sind die raffinierten Sößchen, die man dazu reichen kann.

GEDÄMPFTE FOIE GRAS

Auch Foie gras (Gänse- oder Entenstopfleber) lässt sich in der Papierhülle garen, und das geht sogar noch schneller als bei jedem anderen Garverfahren.

Für 4–6 Personen
Vorbereitungszeit: 15 Minuten
Marinierzeit: 30 Minuten
Garzeit: 10–15 Minuten
(3 Minuten pro 135 Gramm
Foie gras)
Ruhezeit 12 Stunden

... MIT SÜSSWEIN, FEIGEN, HONIG & MOHN

1 Lappen rohe Foie gras (von
der Ente oder von der Gans)
3 EL Süßwein (z. B. Sauternes)
2 frische Feigen, in dünne
Scheiben geschnitten
2 EL flüssiger Honig
3 Messerspitzen geriebene
Muskatnuss
3 Messerspitzen Mohnsamen
Fleur de Sel de Guérande
und bunter Pfeffer

Die Foie gras mit einem kleinen spitzen Messer von Adern und Nervensträngen befreien. Ein 40 Zentimeter langes Stück Frischhaltefolie auf der Arbeitsfläche ausbreiten. Den Leberlappen darauflegen, mit dem Wein begießen und der Quere nach durchschneiden. Die Innenseiten der beiden Hälften großzügig mit Salz einreiben und mit Pfeffer bestreuen. Die Feigenscheiben zwischen den beiden Hälften verteilen, mit Honig beträufeln und mit Muskat und Mohn bestreuen. Die Hälften aufeinanderlegen und die Leber fest in die Folie einschlagen. Mindestens 30 Minuten im Kühlschrank ziehen lassen.

Die Frischhaltefolie anschließend entfernen und die Leber auf ein Stück Pergamentpapier legen. Das Papier hermetisch zu einem Päckchen verschließen und die Leber 10–12 Minuten in einem Bambusdämpftopf, im elektrischen Dampfgarer oder im Schnellkochtopf garen.

... MIT PORTWEIN & SPEKULATIUSCREME

1 Lappen rohe Foie gras
(von der Gans oder von der Ente)
3 EL Portwein
3 EL Spekulatiusbrotaufstrich
(im Bioladen oder Supermarkt
erhältlich)
Fleur de Sel de Guérande und
bunter Pfeffer

Die Foie gras wie oben beschrieben vorbereiten, marinieren lassen und garen. Lediglich den Sauternes durch Portwein, die Feigen und die übrigen Zutaten durch Spekulatiuspaste ersetzen.

... MIT MADEIRA & KARDAMOM

1 Lappen rohe Foie gras
(von der Gans oder von der Ente)
2–3 Kardomomkapseln
3 EL Madeira
Fleur de Sel de Guérande und
bunter Pfeffer

Die Kardamomkapseln öffnen und die Samen im Mörser fein mahlen. Die Foie gras wie oben beschrieben vorbereiten, marinieren lassen und garen. Lediglich den Sauternes durch Madeira ersetzen, die übrigen Zutaten weglassen und die Leber vor dem Salzen mit dem Kardamom bestreuen.

... MIT COGNAC & ANIS

1 Lappen rohe Foie gras
(von der Gans oder von der Ente)
3 EL Cognac oder Armagnac
Fleur de Sel de Guérande und
bunter Pfeffer
2 Sternanis
2 Messerspitzen gemahlener
Anis

Die Foie gras wie oben beschrieben vorbereiten. Den Sauternes durch Cognac ersetzen. Die Leber auf beiden Seiten kräftig mit Salz und Pfeffer würzen. Den Sternanis darauflegen und den Anis darüberstreuen. Die Leber wie oben beschrieben marinieren lassen und garen.

FRIKADELLEN

Für 4 Personen
Vorbereitungszeit: 20 Minuten
Garzeit: 10 Minuten

Sie haben noch Hähnchen, Fisch oder Reis übrig? Dann zaubern Sie doch etwas Köstliches daraus! Ein paar Kräuter dazu, Frikadellen daraus formen - das war's schon. Ein absolutes Muss: Dazu eines der raffinierten Sößchen von Seite 154 servieren.

HÄHNCHENFRIKADELLEN MIT MAIS & KORIANDERGRÜN

200 g Hähnchenbrust
2 EL Maiskörner
1 kleine weiße Zwiebel
2 EL Auberginenkaviar (Creme
aus gegarten, gehackten Auberginen, Tomaten, Zwiebeln
und Olivenöl; fertig im Glas
erhältlich)
2 EL fein gehacktes Koriandergrün
Salz und Pfeffer

Den Backofen auf 210 °C vorheizen. Die Hähnchenbrust grob zerkleinern und mit Mais und Zwiebel in der Küchenmaschine fein hacken. In eine Schüssel füllen, Auberginenkaviar und Koriandergrün untermischen und mit Salz und Pfeffer würzen.

1 Esslöffel Fleischfarce auf ein Stück Frischhaltefolie geben. Die Folie verschließen. Den Fleischteig dabei zu einer Kugel formen und danach etwas flach drücken. Die Frischhaltefolie anschließend vorsichtig entfernen. (Alternativ die Frikadellen mit angefeuchteten Händen formen.) Mit dem restlichen Fleischteig ebenso verfahren.

Vier Quadrate aus Pergamentpapier zurechtschneiden und jeweils 4 Fleischbällchen darauf verteilen. Das Papier hermetisch zu Päckchen verschließen und die Bällchen 10 Minuten im Backofen garen.

FISCHFRIKADELLEN MIT KOKOSMILCH & SCHWARZEM SESAM

200 g weißfleischiges Fischfilet
50 ml Kokosmilch
2 EL schwarzer Sesam
2 EL fein gehackter Estragon
½ TL gemahlener Ingwer
Salz und Pfeffer

Den Fisch in Stücke schneiden und in der Küchenmaschine fein hacken. Kokosmilch, Sesam, Estragon und Ingwer unterrühren und mit Salz und Pfeffer abschmecken. Die Bällchen wie oben beschrieben formen und garen.

REISBÄLLCHEN MIT GERÖSTETEM SESAM

150 g japanischer Rundkornreis
2 EL japanischer Reisessig
3 EL gerösteter Sesam

Den Reis unter fließendem Wasser waschen. 13–14 Minuten bei geringer Hitze kochen, abgießen und den Reisessig unterrühren. Wie oben beschrieben zu Bällchen formen, im Sesam wälzen und garen.

SCAMPI-GARNELEN-FRIKADELLEN

500 g Scampi
100 g Nordseegarnelen
½ TL Vier-Gewürze-Pulver
1 TL fein gehackte glatte Petersilie
Salz und Pfeffer

Scampi und Garnelen schälen und in der Küchenmaschine fein hacken. Das Vier-Gewürze-Pulver und die Petersilie untermischen und mit Salz und Pfeffer würzen. Die Bällchen wie oben beschrieben formen und garen.

PIKANTE SAUCEN

Ergibt jeweisl 1 kleine Schüssel (für etwa 4 Personen)
Vorbereitungszeit: 5 Minuten
Kühlzeit: 20 Minuten

Hier ein paar Anregungen für delikate Saucen, die Sie unbedingt zu Ihren Frikadellen reichen sollten – und nicht nur zu Frikadellen!

COCKTAILSAUCE

4 EL Mayonnaise
3 EL Ketchup
2 EL Cognac
Salz und Pfeffer
1 TL Paprikapulver

Die Zutaten sorgfältig verrühren (das Paprikapulver erst ganz zum Schluss hinzufügen). Die Schüssel bis zum Servieren, mindestens aber 20 Minuten, in den Kühlschrank stellen. Die Sauce vor dem Servieren gegebenenfalls noch einmal mit Salz und Pfeffer abschmecken.

CHINESISCHE TOMATENSAUCE

1 Glas (200 g) Tomatensauce
2 EL Nuoc Mam (vietnamesische Fischsauce)
2 EL helle Sojasauce
1 TL Farinzucker
1 Prise schwarzer Pfeffer

Die Zutaten sorgfältig verrühren und die Sauce vor dem Servieren mindestens 20 Minuten im Kühlschrank durchziehen lassen.

TOMATENSAUCE MIT BISS

2 Tomaten
2 Frühlingszwiebeln oder
2 kleine weiße Zwiebeln
½ Bund Koriandergrün
200 ml Olivenöl extra vergine
2 EL helle Sojasauce
2 Prisen Fleur de Sel
Frisch gemahlener Pfeffer

Die Tomaten gegebenenfalls enthäuten und fein würfeln. Die Frühlingszwiebeln in feine Ringe schneiden. Den Koriander fein hacken. Sämtliche Zutaten sorgfältig verrühren und die Sauce vor dem Servieren mindestens 20 Minuten im Kühlschrank durchziehen lassen.

JOGHURT MIT SCHNITTLAUCH & SAVORA-SENF

½ Bund Schnittlauch
2 Becher griechischer Joghurt
2 TL Savora-Senf (mild-aromatischer französischer Senf mit Malzessig)
Fleur de Sel und frisch gemahlener Pfeffer

Den Schnittlauch in sehr feine Röllchen schneiden. Sämtliche Zutaten sorgfältig verrühren und die Sauce vor dem Servieren mindestens 20 Minuten im Kühlschrank durchziehen lassen.

MINI-SPIESSE

THAI-HÄHNCHEN

Für 4 Personen
(16 Mini-Spieße)
Vorbereitungszeit: 20 Minuten
Marinierzeit: 1 Stunde
Garzeit: 10–12 Minuten

400 g Hähnchenbrust
1 Stängel Zitronengras
4 Stängel Koriandergrün
2 EL Sesamöl
2 EL Olivenöl
1 Prise Paprikapulver edelsüß
Salz und Pfeffer

Den Backofen auf 210 °C vorheizen. Die Hähnchenbrust in 1–2 Zentimeter große Würfel schneiden. Das Zitronengras sehr fein hacken. Das Koriandergrün fein schneiden. Beides in einer Schüssel mit Sesam- und Olivenöl verrühren, das Paprikapulver hinzufügen, das Fleisch etwa 1 Stunde darin marinieren und anschließend auf kleine Spieße stecken (3–4 Würfel pro Spieß).

Vier Rechtecke aus Pergamentpapier zurechtschneiden, jeweils vier Spieße in die Mitte der Rechtecke legen und mit Salz und Pfeffer würzen. Das Papier hermetisch zu Päckchen verschließen und die Spieße 10–12 Minuten im Backofen garen.

ENTE, MIMOLETTE & MOZZARELLA

Für 4 Personen
(16 Mini-Spieße)
Vorbereitungszeit: 20 Minuten
Marinierzeit: 30 Minuten
Garzeit: 10–12 Minuten

400 g Entenbrustfilet
2 EL Sojasauce
1 Prise Zucker
50 g Mimolette oder Cheddar
1 Kugel Mozzarella
2 EL Olivenöl
Salz und Pfeffer

Den Backofen auf 210 °C vorheizen. Das Fleisch in 1–2 Zentimeter große Würfel schneiden. Mit Sojasauce beträufeln, mit Zucker bestreuen und 30 Minuten marinieren lassen. Den Käse in 1 Zentimeter große Würfel schneiden. Das Fleisch (3–4 Würfel pro Spieß) abwechselnd mit dem Käse auf Spieße stecken.

Vier Rechtecke aus Pergamentpapier zurechtschneiden und jeweils vier Spieße in die Mitte der Rechtecke legen. Mit Olivenöl beträufeln und mit Salz und Pfeffer würzen. Das Papier hermetisch zu Päckchen verschließen und die Spieße 10–12 Minuten im Backofen garen.

HÄHNCHEN INDISCH

Für 4 Personen
(16 Mini-Spieße)
Vorbereitungszeit: 20 Minuten
Marinierzeit: 1 Stunde
Garzeit: 10–12 Minuten

400 g Hähnchenbrustfilet
1 Knoblauchzehe, 2 EL Olivenöl
4 EL Tandoori-Masala (indische Gewürzmischung)
2 Becher Joghurt
16 kleine eingelegte Kirschtomaten
Salz und Pfeffer

Den Backofen auf 210 °C vorheizen. Die Hähnchenbrust in 1–2 Zentimeter große Würfel schneiden. Den Knoblauch hacken oder durch die Presse drücken. Das Olivenöl mit Knoblauch und Tandoori-Masala verrühren und den Joghurt unterrühren. Das Fleisch dazugeben und etwa 1 Stunde marinieren lassen. Anschließend abwechselnd mit den Tomaten auf Spieße stecken (3–4 Würfel pro Spieß).

Vier Rechtecke aus Pergamentpapier zurechtschneiden, jeweils vier Spieße in die Mitte der Rechtecke legen und mit Salz und Pfeffer würzen. Das Papier hermetisch zu Päckchen verschließen und die Spieße 10–12 Minuten im Backofen garen.

HECHTKLÖSSCHEN, SCHELLFISCH & FLUSSKREBSE

Für 4 Personen
(16 Mini-Spieße)
Vorbereitungszeit: 20 Minuten
Garzeit: 10 Minuten

4 Hechtklößchen (als Konserve erhältlich)
150 g geräucherter Schellfisch
4 EL Olivenöl, Saft von ½ Zitrone
Salz und Pfeffer
100 g Flusskrebse, ausgelöst

Den Backofen auf 210 °C vorheizen. Hechtklößchen und Schellfisch in 1 Zentimeter lange Stücke schneiden. Das Olivenöl mit Zitronensaft, Salz und Pfeffer verrühren. Auf jeden Spieß 1 Stück Hechtklößchen, 1 Stück Schellfisch und 1 Flusskrebs stecken. Mit 1 Stück Hechtklößchen abschließen.

Vier Rechtecke aus Pergamentpapier zurechtschneiden, jeweils vier Spieße in die Mitte der Rechtecke legen und mit Salz und Pfeffer würzen. Das Papier hermetisch zu Päckchen verschließen und die Spieße 10 Minuten im Backofen garen.

extras & desserts

Die kleinen Extras wie Würzmischungen, aromatisierte Butter und jahreszeitliche Gemüsebeilagen, die Sie in diesem abschließenden Kapitel finden, sollen Sie nicht nur zum Ausprobieren animieren, sondern Ihnen auch als Anregung für eigene Kreationen dienen.

Und wie sich das für jedes gute Kochbuch gehört, gibt's ganz zum Schluss natürlich auch noch ein paar Rezepte für herrlich fruchtige Desserts.

WÜRZMISCHUNGEN FÜR FLEISCH

Für 4 Personen
Zubereitungszeit: 2–5 Minuten

Weißes Fleisch wie Kaninchen, Pute, Hähnchen und Kalbfleisch eignet sich hervorragend zum Garen in der Papierhülle. Schweinefleisch und Ente sollte man zuvor einige Zeit marinieren. Rotes Fleisch ist zum Dämpfen und daher auch zum Garen in der Papierhülle weniger geeignet. Das Fleisch vor dem Garen am besten in schmale Streifen oder in Würfel schneiden.

Die Mengenangaben sollen Ihnen lediglich als Richtschnur dienen. Es steht Ihnen also frei, die Mengen nach Ihrem Geschmack zu verändern.

Das Fleisch auf kleinere Portionshüllen oder eine große Hülle verteilen, mit den übrigen Zutaten bedecken, das Papier hermetisch zu Päckchen verschließen und das Gericht im Backofen garen.

AROMATISCH SCHARF

1 TL Cayennepfeffer
2 TL Paprikapulver
1 TL Knoblauchgranulat
4 Zweige frischer Thymian
100 ml Olivenöl

Besonders geeignet für weißes Fleisch wie Hähnchen, Pute, Kaninchen …

Tipp: Die Gewürze vorher mischen, das Olivenöl hinzufügen und das Ganze mit dem Pürierstab oder einer Gabel emulgieren.

ORIENTALISCH SÜSS

2 EL Honig
1 EL Kreuzkümmelsamen
1 EL Sesamsamen
2 Zweige frischer Rosmarin, fein geschnitten
100 ml Olivenöl

Besonders geeignet für Schweine- und Rindfleisch.

Tipp: Den Honig mit 1 Esslöffel heißem Wasser anrühren. Er lässt sich dann leichter auf dem Fleisch verstreichen.

CURRYGELB & SAHNIG

1 Bund Kerbel
150 g flüssige Sahne
1 EL Currypulver
150 g durchwachsener Räucherspeck

Besonders geeignet für Hähnchen und Lamm.

Tipp: Den fein geschnittenen Kerbel unter die Sahne rühren und den Curry hinzufügen. Den Speck in dünne Streifen schneiden und über das Fleisch streuen.

BUNT & KNACKIG

150 g Pistazien
2 TL rosa Pfefferbeeren
200 ml Cidre oder 10 cl Cognac
2 Schalotten

Besonders geeignet für Geflügel und Kalbfleisch.

Tipp: Die Pistazien und die rosa Pfefferbeeren mit dem Messer grob hacken und mit dem Cidre oder Cognac mischen. Das Fleisch mit dieser Mischung bestreichen. Die Schalotten in feine Scheiben schneiden und auf das gewürzte Fleisch legen.

AROMATISIERTE BUTTER FÜR FLEISCHGERICHTE

Für 4 Personen
Vorbereitungszeit: 15 Minuten
Kühlzeit: 1 Stunde im Kühl-
schrank
oder 15 Minuten in der
Gefriertruhe

Einfach auf das Fleisch und die übrigen Zutaten legen, bevor die Papierhülle verschlossen wird, oder nach dem Öffnen der Hülle auf dem heißen Fleisch schmelzen lassen.

PAPRIKABUTTER

125 g weiche Butter
1 EL Fleur de Sel
2 TL Piment d'Espelette
(oder anderer mittelscharfer
Paprika)

Die Butter in einer Schüssel mit der Gabel zerdrücken und mit den Gewürzen vermengen. Auf ein Stück Frischhaltefolie streichen, mit der Folie zu einer festen Wurst aufrollen und die Enden der Folie wie ein Bonbonpapier zusammendrehen. Mindestens 1 Stunde im Kühlschrank fest werden lassen und vor Gebrauch in dünne Scheiben schneiden.

ROQUEFORTBUTTER

125 g weiche Butter
50 g Roquefort oder streichfähiger
Blauschimmelkäse
1 EL Fleur de Sel

Den Käse klein schneiden. Die Butter in einer Schüssel mit der Gabel zerdrücken und mit Käse und Fleur de Sel vermengen. Auf ein Stück Frischhaltefolie streichen, mit der Folie zu einer festen Wurst aufrollen und die Enden der Folie wie ein Bonbonpapier zusammendrehen. Mindestens 1 Stunde im Kühlschrank fest werden lassen und vor Gebrauch in dünne Scheiben schneiden.

TOMATENBUTTER

125 g weiche Butter
50 g getrocknete Tomaten
1 EL Fleur de Sel

Die Tomaten klein schneiden. Die Butter in einer Schüssel mit der Gabel zerdrücken und mit Fleur de Sel und den Tomaten vermengen. Auf ein Stück Frischhaltefolie streichen, mit der Folie zu einer festen Wurst aufrollen und die Enden der Folie wie ein Bonbonpapier zusammendrehen. Mindestens 1 Stunde im Kühlschrank fest werden lassen und vor Gebrauch in dünne Scheiben schneiden.

OLIVENBUTTER

125 g weiche Butter
50 g entsteinte schwarze Oliven
1 EL Fleur de Sel

Die Oliven klein schneiden. Die Butter in einer Schüssel mit der Gabel zerdrücken und mit Fleur de Sel und den Oliven vermengen. Auf ein Stück Frischhaltefolie streichen, mit der Folie zu einer festen Wurst aufrollen und die Enden der Folie wie ein Bonbonpapier zusammendrehen. Mindestens 1 Stunde im Kühlschrank fest werden lassen und vor Gebrauch in dünne Scheiben schneiden.

WÜRZMISCHUNGEN FÜR FISCH

Für 4 Personen
Zubereitungszeit: 2–8 Minuten

Das Dampfgaren ist das ideale Garverfahren für Fisch. Sein Fleisch wird besonders zart, behält aber seine Konsistenz. Das Garen in der Papierhülle hat überdies den Vorteil, dass es schnell geht und keine unangenehmen Gerüche entstehen.

Die Mengenangaben sollen lediglich als Richtschnur dienen. Es steht Ihnen also frei, die Mengen nach Ihrem Geschmack zu verändern.

Den Fisch und eventuelle weitere Zutaten auf kleinere Portionshüllen oder eine große Hülle verteilen, mit den Gewürzen bedecken, das Papier hermetisch zu Päckchen verschließen und das Gericht im Backofen garen.

FRUCHTIG-AROMATISCH

200 ml Orangensaft
1 TL Anissamen
150 ml Olivenöl
½ TL grüner Tee
1–2 Sternanis

Besonders geeignet für fleischige Fische wie Rochen, Thunfisch und Schwertfisch.

Tipp: Den Anis und den Tee vorher im Orangensaft ziehen lassen.

MINTFRISCH

4 Stängel Minze
150 g flüssige Sahne
Saft und Schale von 1 unbehandelten Limette
1 Stück (2 cm) frischer Ingwer

Besonders geeignet für weißfleischigen Fisch.

Tipp: Minze, Zitronenzeste und Ingwer sehr fein hacken, damit sie ihr Aroma besser entfalten.

ASIATISCH

2 Stängel Zitronengras
3–4 Bergamotteblätter (Asialaden)
200 ml Kokosmilch
½ rote Chilischote

Besonders geeignet für weißfleischigen Fisch und Lachs.

Tipp: Das Zitronengras im Mörser zerkleinern oder die Stängel der Länge nach halbieren oder in Ringe schneiden und auf den Fisch legen.

MEDITERRAN

Saft von 1 Zitrone
1 unbehandelte Zitrone, in dünne Scheiben geschnitten
150 ml Olivenöl
150 ml Weißwein
4 Stängel Salbei, fein geschnitten
1 TL Knoblauchgranulat
Frisch gemahlener Pfeffer

Besonders geeignet für ganze Fische.

Tipp: Den Salbei durch beliebige andere mediterrane Kräuter ersetzen.

1   2

3   4

AROMATISIERTE BUTTER FÜR FISCHGERICHTE

Für 4 Personen
Vorbereitungszeit: 15 Minuten
Kühlzeit: 1 Stunde im Kühl-
schrank
oder 15 Minuten in der
Gefriertruhe

Einfach auf den Fisch und die übrigen Zutaten legen, bevor die Papierhülle verschlossen wird, oder nach dem Öffnen der Hülle auf dem heißen Fisch schmelzen lassen.

KRÄUTERBUTTER

125 g weiche Butter
½ Bund gemischte Kräuter,
z. B. Schnittlauch, Basilikum,
Thymian, Rosmarin, Koriandergrün,
glatte Petersilie, Kerbel … (pro
Kraut mindestens 3 Stängel bzw.
Zweige)
2 Schalotten
½ Knoblauchzehe
1 EL Fleur de Sel

Kräuter und Schalotten fein schneiden, den Knoblauch hacken. In einer Schüssel mit der Butter und Fleur de Sel vermengen. Die Butter auf ein Stück Frischhaltefolie streichen, mit der Folie zu einer festen Wurst aufrollen und die Enden der Folie wie ein Bonbonpapier zusammendrehen. Mindestens 1 Stunde im Kühlschrank fest werden lassen und vor Gebrauch in dünne Scheiben schneiden.

SCHALOTTENBUTTER MIT CLEMENTINENZESTE

125 g weiche Butter
1 unbehandelte Clementine
2 Schalotten
1 EL Fleur de Sel

Die Schale der Clementine abreiben. Die Schalotten sehr fein hacken. In einer Schüssel mit der Butter und Fleur de Sel vermengen. Nach Belieben noch ein paar Fruchtstückchen hinzufügen. Die Butter auf ein Stück Frischhaltefolie streichen, mit der Folie zu einer festen Wurst aufrollen und die Enden der Folie wie ein Bonbonpapier zusammendrehen. Mindestens 1 Stunde im Kühlschrank fest werden lassen und vor Gebrauch in dünne Scheiben schneiden.

ZITRONENBUTTER MIT KAPERN

125 g weiche Butter
1 unbehandelte Zitrone
1 EL Fleur de Sel
50 g Kapern

Die Zitrone dünn abschälen und die Zeste fein schneiden. Die Butter in einer Schüssel mit der Gabel zerdrücken und mit Fleur de Sel, Kapern und Zitronenzeste vermengen. Auf ein Stück Frischhaltefolie streichen, mit der Folie zu einer festen Wurst aufrollen und die Enden der Folie wie ein Bonbonpapier zusammendrehen. Mindestens 1 Stunde im Kühlschrank fest werden lassen und vor Gebrauch in dünne Scheiben schneiden.

CHILI-INGWER-BUTTER MIT LIMETTENZESTE

125 g weiche Butter
1 Stück (1 cm) frischer Ingwer
1 kleine rote Chilischote
1 unbehandelte Limette
1 EL Fleur de Sel

Ingwer und Chilischote fein schneiden. Die Limettenschale abreiben. Die Butter in einer Schüssel mit der Gabel zerdrücken und mit Fleur de Sel, Ingwer, Chilischote und Limettenzeste vermengen. Auf ein Stück Frischhaltefolie streichen, mit der Folie zu einer festen Wurst aufrollen und die Enden der Folie wie ein Bonbonpapier zusammendrehen. Mindestens 1 Stunde im Kühlschrank fest werden lassen und vor Gebrauch in dünne Scheiben schneiden.

WÜRZMISCHUNGEN FÜR FRUCHTDESSERTS

Für 4 Personen
Zubereitungszeit: 5 Minuten

Wer könnte einem fruchtigen Kompott widerstehen? Vor allem Ihre Kinder werden begeistert sein, wenn sie die gesunden – in diesem Fall natürlich alkoholfreien – „Überraschungspäckchen" öffnen oder bei der Vorbereitung helfen dürfen.

Die Mengenangaben sollen Ihnen lediglich als Richtschnur dienen. Es steht Ihnen also frei, die Mengen nach Ihrem Geschmack zu verändern.

Die Frucht oder die Früchte auf kleinere Portionshüllen oder eine große Hülle verteilen, mit den übrigen Zutaten bedecken, das Papier hermetisch zu Päckchen verschließen und das Obst im Backofen garen.

150 ml Ahornsirup
5–6 Spekulatius, zerkrümelt
1 TL Zimt

WEIHNACHTLICH WÜRZIG

Besonders geeignet für Äpfel und Birnen.

Tipp: Der Spekulatius sollte weder zu grob (er verbindet sich sonst nicht so gut mit den übrigen Aromen) noch zu fein sein (sonst saugt er sich zu sehr mit dem Saft der Früchte voll).

4 EL Schokoladensplitter
4 EL Kokosraspel
4 EL Bananenchips (nach Belieben)

SCHOKOLADIG

Besonders geeignet für Bananen und Ananas.

Tipp: Schokoladensplitter kann man auch selbst machen. Dazu einfach eine Tafel Schokolade mit einem scharfen Messer fein zerkleinern oder die Schokolade auf der Küchenreibe in Späne hobeln.

150 ml Grapefruit- oder Orangensaft
4 EL Mandelblättchen
1–2 Sternanis
Honig

FRUCHTIG

Besonders geeignet für Pfirsiche, Aprikosen, Pflaumen, Weintrauben, Feigen.

Tipp: Die Mandelblättchen 3–5 Minuten ohne Fett in der Pfanne rösten. So entfalten sie ihr ganzes Aroma, wenn man den Fruchtsaft darübergießt.

2 Becher Naturjoghurt
2 EL Rosenwasser oder 4 EL Orangenblütenwasser
3 Päckchen Vanillezucker

CREMIG BLUMIG

Besonders geeignet für Beeren, Litschis, Passionsfrüchte, Mangos.

Tipp: Den Joghurt vor der Zubereitung mit dem Blütenwasser cremig rühren.

1    2

3   4

IM KÖRBCHEN GEDÄMPFT – FRÜHLINGSGEMÜSE

VARIANTE 1

Für 4 Personen
Vorbereitungszeit: 10–15 Minuten
Garzeit: 5–6 Minuten

100 g breite Bohnen
100 g grüne Bohnen
2 Frühlingszwiebeln
100 g Erbsen
200 g junger Spinat
1 Handvoll Sojasprossen
1 Stück (10 g) frischer Ingwer

Das Gemüse waschen und putzen. Den Ingwer in Scheiben schneiden. Die breiten Bohnen schräg in Stücke schneiden. Grüne Bohnen und Frühlingszwiebeln in gleich lange Stücke schneiden.

Erbsen, grüne und breite Bohnen in einen Bambusdämpftopf geben. Den Spinat und die Frühlingszwiebeln darauf verteilen, die Sojasprossen darüberstreuen und zum Schluss den Ingwer darauflegen.

Den Korb auf einen Topf mit kochendem Wasser setzen, zudecken und das Gemüse 5–6 Minuten garen.

VARIANTE 2

Für 4 Personen
Vorbereitungszeit: 10–15 Minuten
Garzeit: 5–6 Minuten

4 Spinatblätter
2 Handvoll Sojasprossen
16 Stangen grüner Spargel
4 kleine, zarte Artischocken
Salz
100 g grüne Bohnen
80 g Zuckerschoten
2 Frühlingszwiebeln

Die Spinatblätter auf der Arbeitsfläche ausbreiten. Jeweils ein Viertel der Sojasprossen daraufgeben und die Blätter aufrollen. Den Spargel auf die Größe des Korbes zurechtschneiden.

Die Artischocken halbieren, 2 Minuten in kochendem Salzwasser blanchieren und in einen Bambusdämpftopf legen. Bohnen, Zuckerschoten, Spargel und Frühlingszwiebeln darauf verteilen und die Spinatröllchen hineinstecken.

Den Korb auf einen Topf mit kochendem Wasser setzen, zudecken und das Gemüse 5–6 Minuten garen (das Gemüse sollte danach noch knackig sein).

IM KÖRBCHEN GEDÄMPFT – SOMMERGEMÜSE

VARIANTE 1

Für 4 Personen
Vorbereitungszeit: 10–15 Minuten
Garzeit: 6–8 Minuten

2 kleine runde Zucchini
¼ Romanesco
je 2 kleine gelbe und violette
Paprikaschoten
2 Stangen Sellerie
2 kleine Auberginen
½ Fenchelknolle
4 kleine, milde grüne Chilischoten

Das Gemüse waschen. Die Zucchini in Scheiben schneiden. Den Romanesco in Röschen zerteilen. Die Paprikaschoten halbieren oder vierteln. Den Sellerie in gleichmäßige Stücke schneiden. Die Auberginen halbieren oder vierteln. Den Fenchel in Scheiben schneiden. Die Chilischoten der Länge nach halbieren.

Den Romanesco in einen Bambusdämpftopf legen. Zucchini, Auberginen und Sellerie darauf verteilen und mit Paprikaschoten, Fenchel und Chilischoten abschließen.

Den Korb auf einen Topf mit kochendem Wasser setzen, zudecken und das Gemüse 6–8 Minuten garen.

VARIANTE 2

Für 4 Personen
Vorbereitungszeit: 10–15 Minuten
Garzeit: 10–15 Minuten

1 Maiskolben
1 große Zucchini
1 große Karotte
½ Aubergine
Salz und Pfeffer
1 Paprikaschote
4 kleine Gurken
150 g Kirschtomaten

Den Maiskolben in 1 Zentimeter breite Stücke schneiden. Zucchini und Karotte der Länge nach in dünne Scheiben hobeln. Jeweils 1 Zucchini- und 1 Karottenscheibe aufeinanderlegen und aufrollen. Die Aubergine der Länge nach in dünne Scheiben schneiden und aufrollen. Die Paprikaschote der Länge nach in breite Streifen schneiden. Die Gurken der Länge nach vierteln.

Den Mais in einen Bambusdämpftopf legen. Den Korb auf einen Topf mit kochendem Wasser setzen, zudecken und den Mais 5–10 Minuten vorgaren.

Die Auberginenröllchen und die Zucchini-Karotten-Röllchen neben den Mais legen, das übrige Gemüse darauf verteilen, den Deckel auflegen und das Gemüse 5–6 Minuten fertig garen.

IM KÖRBCHEN GEDÄMPFT – HERBSTGEMÜSE

Für 4 Personen
Vorbereitungszeit: 10–15 Minuten
Garzeit: 6–8 Minuten

100 g Steinpilze
4 Feigen
150 g Herbsttrompeten
150 g Semmelstoppelpilze

VARIANTE 1

Die Steinpilze in Scheiben schneiden. Die Feigen halbieren. Die Herbsttrompeten mit einem feuchten Tuch sauber reiben. Die Semmelstoppelpilze halbieren.

Pilze und Feigen in einem Bambusdämpftopf verteilen.

Den Korb auf einen Topf mit kochendem Wasser setzen, zudecken und die Pilzmischung 6–8 Minuten garen.

VARIANTE 2

Für 4 Personen
Vorbereitungszeit: 10–15 Minuten
Garzeit: 10–20 Minuten

¼ Riesenkürbis (300 g)
2 große Maronenröhrlinge
150 g Pfifferlinge
½ Fenchelknolle
100 g Reisstrohpilze
4 Perillablätter (in Bioläden oder
Asialäden erhältlich)
12 Esskastanien (Dose)

Den Kürbis in 4–5 Millimeter dicke Spalten schneiden. Die Maronenröhrlinge in Scheiben schneiden. Große Pfifferlinge halbieren. Den Fenchel
in Stücke oder dünne Scheiben schneiden. Die Reisstrohpilze auf die Perillablätter verteilen und die Blätter aufrollen. Die Kastanien abtropfen lassen.

Die Kürbisscheiben in einen Bambusdämpftopf legen. Den Korb auf einen
Topf mit kochendem Wasser setzen, zudecken und den Kürbis 5–10 Minuten
vorgaren. Mit einem Messer einstechen, um zu prüfen, ob er weich ist.

Fenchel, Kastanien und Maronenpilze darauf verteilen und mit den Pfifferlingen und den Perillaröllchen abschließen. Den Deckel wieder auflegen und
das Gemüse in 6–8 Minuten fertig garen.

IM KÖRBCHEN GEDÄMPFT –
WINTERGEMÜSE

Für 4 Personen
Vorbereitungszeit: 10–15 Minuten
Garzeit: 15–20 Minuten

4 kleine rotschalige Kartoffeln
(z. B. Laura oder Rosara)
4 kleine Weiße Rübchen
¼ Friséesalat
150 g Brunnenkresse
4 Radicchioblätter
1 Stange Lauch (nur der weiße
Schaft)
2 Chicoréesprossen

VARIANTE 1

Das Gemüse waschen. Kartoffeln und Weiße Rübchen in Scheiben schneiden. Den Friséesalat in schmale Spalten schneiden.

Kartoffeln und Weiße Rübchen abwechselnd in einen Bambusdämpftopf schichten und den Salat darauf verteilen. Den Korb auf einen Topf mit kochendem Wasser setzen, zudecken und das Gemüse 5–10 Minuten vorgaren.

Die Kresse auf den Radicchioblättern verteilen und die Blätter aufrollen. Den Lauch in 5 Zentimeter lange Stücke schneiden und diese der Länge nach halbieren. Die Chicoréesprossen der Länge nach halbieren.

Auf dem vorgegarten Gemüse verteilen, den Deckel wieder auflegen und das Gemüse in 5–6 Minuten fertig garen.

4 blaue Kartoffeln (z. B. Vitelotte)
1 Rote Bete
2 kleine Weiße Rübchen
2 dünne Stangen Lauch (nur die weißen Schäfte)
2 kleine Karotten
8 kleine Rosenkohlsprossen
½ Brokkoli
¼ Blumenkohl

VARIANTE 2

Das Gemüse waschen. Die Kartoffeln je nach Größe halbieren oder in Scheiben schneiden. Die Rote Bete und die Weißen Rübchen schälen und in Scheiben schneiden. Den Lauch in lange Stücke schneiden. Die Karotten je nach Größe der Länge nach halbieren oder in Stücke schneiden. Die Rosenkohlsprossen halbieren. Brokkoli und Blumenkohl in Röschen zerteilen.

Kartoffeln, Rote Bete, Weiße Rübchen, Karotten und Rosenkohl in einen Bambusdämpftopf schichten. Den Korb auf einen Topf mit kochendem Wasser setzen, zudecken und das Gemüse 5–10 Minuten vorgaren.

Das restliche Gemüse darauf verteilen, den Deckel wieder auflegen und das Gemüse in 5–6 Minuten fertig garen.

KLEINE FRÜHLINGSDESSERTS

Für 4 Personen
Vorbereitungszeit: 15 Minuten
Garzeit: 10–15 Minuten

Den Backofen auf 210 °C vorheizen. Die Früchte gegebenenfalls schälen und in Scheiben oder Streifen schneiden. Vier Rechtecke oder Quadrate aus Pergamentpapier zurechtschneiden. Die Früchte gleichmäßig darauf verteilen, mit gehackten Nüssen oder zerkrümelten Keksen bestreuen und mit Sirup, Honig oder Fruchtsaft beträufeln ... der Fantasie sind dabei keine Grenzen gesetzt.

Das Papier hermetisch zu Päckchen oder Beuteln verschließen und die Früchte für 15 Minuten in den Backofen schieben.

PASSIONSFRÜCHTE MIT LÖFFELBISKUIT & QUARK
4 Passionsfrüchte
24 Löffelbiskuits
8 EL Quark oder Schichtkäse
4 EL Farinzucker

KIRSCHEN MIT WEISSER SCHOKOLADE
300 g schwarze Süßkirschen, entsteint
50 g weiße Schokolade, gehackt

MANGOS MIT VANILLE & HONIG
2 schöne Mangos
2 Vanilleschoten
4 EL flüssiger Honig

ERDBEEREN MIT MINZE
400 g aromatische Erdbeeren
3 Stängel Minze
4 EL Zucker
1 Päckchen Vanillezucker
4 EL Wasser

KLEINE SOMMERDESSERTS

Für 4 Personen
Vorbereitungszeit: 15 Minuten
Garzeit: 10–15 Minuten

Den Backofen auf 210 °C vorheizen. Die Früchte gegebenenfalls schälen und in Scheiben oder Streifen schneiden. Vier Rechtecke oder Quadrate aus Pergamentpapier zurechtschneiden. Die Früchte gleichmäßig darauf verteilen, mit gehackten Nüssen oder zerkrümelten Keksen bestreuen und mit Sirup, Honig oder Fruchtsaft beträufeln … der Fantasie sind dabei keine Grenzen gesetzt.

Das Papier hermetisch zu Päckchen oder Beuteln verschließen und die Früchte für 15 Minuten in den Backofen schieben.

RHABARBER MIT BAISERS & CRÈME DOUBLE
200 g Rhabarber, in Stücke geschnitten
4 EL Farinzucker
4 kleine Baisers
2 EL Crème double

MIRABELLEN MIT BISCUITS ROSES
400 g Mirabellen, entsteint
4 EL Farinzucker
8 Biscuits roses de Reims (französische Gebäckspezialität; in französischen Confiserien oder über das Internet erhältlich)

BROMBEEREN MIT TORTAS DE ACEITE
150 g Brombeeren
2 Tortas de Aceite (knusprige andalusische Anisplätzchen)
2 EL Farinzucker

BEEREN MIT SPEKULATIUS
600 g gemischte Beeren (Himbeeren, Heidelbeeren, Johannisbeeren, Kirschen)
10 g Vergeoise-Zucker (feiner brauner, mit Karamell aromatisierter Zucker aus Zuckerrüben)
8 Spekulatius
4 TL Crème double

KLEINE HERBSTDESSERTS

Für 4 Personen
Vorbereitungszeit: 15 Minuten
Garzeit: 15 Minuten

Den Backofen auf 210 °C vorheizen. Die Früchte gegebenenfalls schälen und in Scheiben oder Streifen schneiden. Vier Rechtecke oder Quadrate aus Pergamentpapier zurechtschneiden. Die Früchte gleichmäßig darauf verteilen, mit gehackten Nüssen oder zerkrümelten Keksen bestreuen und mit Sirup, Honig oder Fruchtsaft beträufeln … der Fantasie sind dabei keine Grenzen gesetzt.

Das Papier hermetisch zu Päckchen oder Beuteln verschließen und die Früchte für 15 Minuten in den Backofen schieben.

PFLAUMEN MIT MANDELN & CASSIS
8 Pflaumen oder Zwetschgen
50 g gehackte Mandeln
4 EL Crème de Cassis (schwarzer Johannisbeerlikör)

KAKIFRÜCHTE MIT PISTAZIEN
4 Kakifrüchte
40 g ungesalzene Pistazien, geschält und gehackt
4 EL Orangenblütenwasser
4 EL Agavensirup oder flüssiger Honig

ÄPFEL MIT HONIG & CALVADOS
4 Äpfel
4 EL flüssiger Honig
4 EL Calvados
4 EL Crème fraîche zum Servieren

FEIGEN MIT MARONENCREME
4 Feigen
2 EL Maronencreme
50 g Pinienkerne
4 EL Farinzucker

KLEINE WINTERDESSERTS

Für 4 Personen
Vorbereitungszeit: 15 Minuten
Garzeit: 15 Minuten

Den Backofen auf 210 °C vorheizen. Die Früchte gegebenenfalls schälen und in Scheiben oder Streifen schneiden. Vier Rechtecke oder Quadrate aus Pergamentpapier zurechtschneiden. Die Früchte gleichmäßig darauf verteilen, mit gehackten Nüssen oder zerkrümelten Keksen bestreuen und mit Sirup, Honig oder Fruchtsaft beträufeln … der Fantasie sind dabei keine Grenzen gesetzt.

Das Papier hermetisch zu Päckchen oder Beuteln verschließen und die Früchte für 15 Minuten in den Backofen schieben.

ANANAS MIT HASELNÜSSEN
1 große oder 2 kleine Ananas
50 g Haselnüsse, gehackt
4 EL Agavensirup

ORANGEN MIT AMARETTO
4 Orangen
4 Amarettini, zerkrümelt
4 EL Farinzucker
4 EL Amaretto

BIRNEN MIT WALNÜSSEN
4 Birnen
50 g Walnusskerne, gehackt
4 EL Farinzucker
4–6 EL Ahornsirup

BANANE MIT SCHOKOLADE & RUM
4 Bananen
80 g Zartbitterschokolade, gehackt
4 EL Farinzucker
4 EL Rum

register

INHALT

REZEPTE NACH HAUPTZUTATEN

DANK

Ich danke dem Team des Marabout-Verlags – Emmanuel, Rose-Marie und Pauline – von ganzem Herzen für das Vertrauen, das sie mir und meinem Projekt geschenkt haben. Dank auch an Natacha für die Hilfe beim Redigieren.

Meinem Mac danke ich nicht!

Ich danke Sophie Dupuis für ihren unermüdlichen Einsatz. Ich wünsche dir viel Glück!

Ich danke Lucy Oger für ihre Tatkraft, ihre gute Laune und ihre Effizienz. Auch dir alles Gute!

Ich danke Nathalie Carnet, die es geschafft hat, diesen »Schneesturm« unbeschadet zu überstehen. Danke für die gute Zusammenarbeit, für deine Geduld und deine Offenheit. Wir waren ein tolles Gespann! Danke, dass du mir zur Seite gestanden hast …

Ich danke Aris für die guten Profi-Tipps. Was für ein schönes Wiedersehen!

Und ich danke Olive, die mich mit ihrer Power immer wieder inspiriert und mir eine unübertreffliche Vorkosterin ist …

BEZUGSQUELLEN FÜR PERGAMENTPAPIER

Das Pergamentpapier zum Kochen, Dünsten und Braten bekommen Sie in Haushaltsgeschäften. Bezugsmöglichkeiten über das Internet finden Sie unter dem Suchwort „Kochpergament".

Unser Verlagsprogramm finden Sie unter www.christian-verlag.de

Übersetzung aus dem Französischen: Barbara Holle
Textredaktion: Silvia Rehder
Korrektur: Petra Tröger
Satz: Studio Fink, Krailling
Umschlaggestaltung: Caroline Daphne Georgiadis, Daphne Design

Copyright © 2012 für die deutschsprachige Ausgabe:
Christian Verlag GmbH, München

Die Originalausgabe mit dem Titel *Papilottes* wurde erstmals 2011 im Verlag Hachette Livre (Marabout), Paris, veröffentlicht.

Copyright © 2011 für den Text: Sandra Mahut
Copyright © 2011 für die Fotos: Nathalie Carnet
Copyright © 2011 für Layout und Design: Anne Martiréné

Die Deutsche Nationalbibliothek verzeichnet diese Publikation in der Deutschen Nationalbibliografie; detaillierte bibliografische Daten sind im Internet über http://dnb.d-nb.de abrufbar.

Printed in Spain by Grafica Estellas

ISBN 978-3-86244-125-9